KB270815

안병무
－시대와 민중의 증언자

현대 신학자 평전 11

안병무
─시대와 민중의 증언자

김명수 지음

살림

머리말

    독일 함부르크 대학 유학 시절, 나는 함부르크 대학 부설 선교학연구소(Missionsakademie) 기숙사에 있었다. 그 기숙사에는 아프리카, 남미, 아시아 등지에서 온 개신교 젊은 유학생들이 함께 생활하고 있었다. 기숙사에 들어가던 날에, 이들과 함께 식사를 하면서 각자 자신을 소개하는 시간을 가졌다. 한국에서 왔다는 나에게 그들은 조용기 목사의 오순절교회 순복음운동과 민중신학을 묻기 시작했다. 한국에서 생각하는 것보다 오순절운동과 민중신학이 세계 교회와 신학계에서 부정적이든 긍정적이든 주목을 끌고 있었던 것이다. 한국의 민중신학을 세계 신학계에 알리는 데 결정적인 기여를 한 신학자들 중에 한 분이 바로 안병무다. 이미 독일어나 영어로 번역·출판된 안병무의 민중신학에 관한 글들이 상당수에 달한 것으로 전해진다. 외국인 학자가 쓴 민중신학에 관한 박사학위논문들도 적지 않다.

우면동 자택 서재에서 집필중인 안병무.

한 인물의 사상을 바르게 이해하기 위해서는 그의 생애와 그가 살던 시대 상황에 대한 바른 이해가 먼저 있어야 한다. 인간의 사상이 그가 몸담고 있는 환경과 물질적인 조건을 규정하는 측면도 있지만, 동시에 그를 둘러싼 환경과 물질적인 조건에 의해서 한 인간의 사상이 형성되는 측면도 적지 않기 때문이다. 인간에게 있어 정신과 육체, 그리고 의식(Bewußtsein)과 존재(Sein)는 서로 별개(別個)로 존재하지 않는다. 양자를 이분법적으로 확연하게 나눌 수도 없다. 물론 한쪽이 다른 한쪽보다 우위에 있거나 상하 주종관계에 있지도 않다. 정신과 육체, 그리고 의식과 존재는 인간을 포함한 자연세계에 존재하는 모든 생명체가 지니는 생명의 두 가지 얼굴이다. 이런 면에서 볼 때 양자(兩者)는 하나도 아니면서, 그렇다고 둘도 아닌 부즉불이(不卽不異)의 관계다. 안병무 사상을 연구하는 데 있어서도 그의 삶과 신학 사이의 이러한 변증법적 관계가 간과되어서는 안 될 것이다.

　안병무는 독일 하이델베르크 대학에서 10여 년 동안 유학 생활을 하면서 키에르케고르와 하이데거 등 당시 서구 엘리트 지성인의 정신계를 휩쓸었던 실존주의 철학에 심취했다. 그리고 그들의 영향 하에서 실존주의 신학에 깊이 몰두하기도 했다. 그렇다고 그가 실존주의에 머물렀던 것은 아니었다. 민중신학, 자연생명신학, 동양신학으로 신학의 여정(旅程)을 계속했기 때문이다.

　안병무의 신학사상에서 이런 서로 다른 성향들을 명확하게 구분할 수는 없다. 그의 실존주의 신학 속에는 이미 민중신학적인 요소가 들어있으며, 그의 민중신학 속에서도 여러 성향들이 중층적(重層的)으로 녹아있기 때문이다. 안병무의 신학적 시선은 결코 한 곳에 머물지 않고 실존·이웃·민중·세계·자연·우주로 끊임없이 확장되었다. 한 곳에 머물지 않는 공성이불거(功成而不居)의 자세가 바로 안병무의 삶과 신학의 특징이다.

2006년 9월
김명수

차 례

머리말　5

1. 생애와 사상적 배경　10
간도에서의 어린 시절 | 은진중학교 시절과 기독교 입문 | 간도에서의 전도사 생활 | 해방군의 횡포를 목격하다 | 신앙공동체 일신회를 설립하다 | 월간지 『야성』을 출간하다 | 독일 유학을 결심하다 | 함석헌과의 북유럽 여행 | 귀국과 결혼 | 한국신학대학 교수 시절 | 전태일 분신 사건과 예수 십자가 처형 사건 | 독재정권에 항거 표시로 삭발하다 | 민중의 눈으로 성서 읽기 | 몰트만 교수와의 신학 논쟁 | 한국신학연구소를 설립하다 | '3·1 민주구국선언문' 사건과 투옥 | 한국 교회에 대한 사랑 | 한국 최초의 개신교 수녀원 '디아코니아 자매회'를 설립하다 | 공성이불거(功成而弗居)의 삶

2. 실존주의 신학　93
키에르케고르의 실존주의 철학과 만남 | 불트만 신학과의 만남 | 실존주의적 성서해석

3. 민중신학　115
민중신학의 사회적 배경 | 안병무의 근본주의 비판 | 서구 정통주의 신학 비판 | 민중신학의 태동 | 민중신학의 방법론 | 민중신학의 성서해석 | 안병무 성서해석의 교회사적 위치 | 오클로스의 발견 | 예수와 민중의 관계적 이해 | 민중 구원 이야기 | 안병무의 예수전 | 민중생명신학

4. 동양자연신학   183
  서구 신관과 동양 신관 |『순교자』에 나타난 동양인의 신관 | 맹인
  이야기와 인간의 본연성 | 바울의 몸 이해와 동양 사상 | 인격신의
  해체 | 성령과 기(氣) | 노자와 안병무의 페미니즘

5. 안병무와 한국 교회   218
  복음의 토착화 | 한국 교회의 예수 이해 | 한국 교회의 성서 이해 |
  한국 교회의 개혁

맺음말   235

• 안병무 연보   240
• 안병무의 저서, 역서   241

* 본문에 인용된 성경구절은 '표준새번역'을 따랐다.

1. 생애와 사상적 배경

친구여! 가자 십자가의 길을

―안병무

친구여 가자 하늘나라로 향해 가자
그 길이 좁으면 내 가진 것 버리고 가자
그래도 좁으면 알몸으로 가자
그래도 안 되면 내 사지를 찢고라도 가자
가자, 친구여! 고독한 이 길로 그대로 가자
이 길은 남이 걷지 않는 길
때로는 나와 내 그림자만이
걸어가야 하는 길

가다가 다리가 아프면
상수리나무 아래서 쉬어서 가자
목이 마르면 야곱의 샘에서 마시고 가자

가다가 날이 저물면
여호와의 장막에서 머물고 가자
가다가 심장이 터지면 목은 십자가에 깔리면서라도
눈은 그 나라로 향하고 가자.

간도에서의 어린 시절

1910년 8월 29일에 일본 제국주의 침략자들은 한일합방을 통해 한반도를 무력으로 강점(强占)했다. 그들은 서울에 조선총독부를 설치하고, 동양척식주식회사(東洋拓植株式會社)를 만들어 조직적으로 국유지(國有地)뿐만 아니라, 사유지(私有地)까지 강제로 몰수했다. 조국 땅에서 일본인들에게 토지와 재산을 잃은 이 땅의 수많은 농민들은 살 길을 찾아 나설 수밖에 없었다. 그들은 정든 고향과 산천을 등지고 압록강, 두만강을 건너 중국 동북부 지방으로 그리고 러시아 연해주로 유랑의 길을 떠났다. 당시 조국 강산에서 삶의 뿌리를 상실한 조선족의 이주민 행렬은 끝이 안 보였고, 이민(移民)을 떠난 조선 민중들은 낯선 이국땅에서 새로운 삶의 터전을 마련하기 위해 온갖 시련과 고초를 겪어야 했다. 일본 침략자들의 가혹한 토벌과 탄압을 더는 견딜 수 없었던 애국지사들도 독립운동의 근거지를 해외로 옮기기 위해 만주와 러시아 연해

주로 몰려들었다. 이리하여 망국(亡國)으로 인한 조선 민중의
한(恨) 맺힌 간도이민(間道移民)의 역사가 시작되었다.[1]

1920년대에 이르러 중국 동북부 지방에 이주한 조선인 수
는 약 45만여 명, 그리고 10년 뒤에는 63만여 명에 이른다.
그 중에 북간도에만 50만여 명에 이르는 동포가 거주하는 등
당시 북간도는 조선 독립운동의 거점이 되기도 하였다. 이러
한 조선 민중의 집단 이민의 물결을 따라 안병무의 부친 안봉
식은 새로운 꿈을 안고 1925년경 간도로 떠났다.

안병무는 1922년 6월 23일, 평안남도 안주군 신안주면 운
송리에서 안봉식과 그의 처 정원숙 사이에서 장남으로 태어
났다. 그는 임술년(壬戌年) 생 개띠이다.[2] 두 살이 되던 해에
안병무는 이민을 결심한 아버지를 따라 어머니의 등에 업혀
만주로 갔다. 간도가 그에게 제2의 고향이 된 셈이다. 한의사

---

1) 현재 연변 조선족 자치구에는 80만 명의 인구에 50만 명의 조선족
   이 살고 있다. 1952년부터 연변 조선족 자치구가 설립되면서, 연길
   은 조선족 자치주 직할시가 되었다. 연길 길거리에는 한글과 한자
   가 나란히 적힌 간판들이 많다. 유일하게 소수 민족 자치 방송국까
   지 갖추고 있어, 이국이라는 느낌이 별로 들지 않는다.
2) 우리 나라 신학계에는 묘하게도 임술년 생 개띠가 많다. 유동식, 이
   종성, 김수환, 정진경, 안병무, 김용옥, 그들과 12년 아래인 박근원
   등이 그 대표적인 예이다. 안병무는 한국 신학계에 임술년 생이 판
   친다고 해서 '개판'이라는 농담을 자주 했다.

(漢醫師)이자 동시에 한학(漢學)에 조예가 깊었던 안봉식은 자식 교육에 엄격했다. 그는 아들에게 어려서부터 사서삼경(四書三經)을 가르쳤다고 한다. 어릴 때부터 부친을 통하여 접한 사서삼경과의 인연은 안병무가 평생 동안 동양 사상과의 연관성 속에서 삶을 살고 학문을 하도록 만드는 동기가 되었을 것이다.

안병무가 성장한 곳은 간도 화룡현에 속한 달라재[大立子]읍의 들미동 마을이다. 안봉식은 그 마을에 정착해 한의원을 개업하였고, 그곳에 있는 소학교의 이사장을 역임하기도 하였다. 들미동 마을은 동네 한 가운데 미루나무 몇 그루가 서 있을 뿐, 척박하기 그지없는 허허벌판이었다.3) 그곳은 낮에는 일본인 순사들이 치안을 유지했지만, 밤에는 독립군과 공산당원들의 천하가 되었다. 안병무는 어린 시절을 회고하면서 밤중에 그의 어머니가 먹을 양식과 옷가지들을 독립군에게 건네주는 장면을 자주 봤다고 한다. 그는 그 당시 상황을 다음

---

3) 필자가 안 선생을 마지막으로 뵌 것은 1996년 8월 초순경이었다. 당시 필자는 인도 여행을 며칠 앞두고 있었다. 선생은 마치 죽음을 예견이나 한 듯, 심근경색증으로 괴로워하면서도 필자와 많은 대화를 나누었다. 60년 만에 고향인 간도를 방문하려는 계획을 말씀하시면서 "귀소본능이 발동하는 것을 보니, 김 목사, 내가 죽을 때가 다 되었나 보네"라고 말씀하셨다. 그로부터 두 달 후인 10월 19일에 안병무는 무리한 여행 후유증이 겹쳐 지병으로 운명을 달리했다.

과 같이 술회했다.

> 나는 여러 차례 밤중에 우리 집에 들어와서 우리 어머니의 융숭한 대접을 받고 고마워하는 독립군을 보았으며, 누더기 같은 무릎에 나를 앉히고 내 머리를 쓰다듬던 그들의 손길을 지금도 생생히 기억한다. 때로는 한밤중 목소리에 잠을 깨어 어머니가 한 아름의 보따리를 갖고 나가 어떤 사람들에게 전해주고 가만히 들어오는 것을 목격했다. 그것은 독립군을 위해서 숨어서 장만한 그들의 속옷, 양말 등이었던 것을 차차 알게 되었다.[4]

안병무는 여덟 살에 소학교에 들어갔다. 당시 그가 학교에서 자주 들었던 이름 있는 민족운동가로는 녹두장군, 홍범도, 김일성 장군 등이었다. 특히 김일성 장군에 대한 전설은 어린 안병무에게는 흥미진진했다. 김일성 장군은 축지법을 쓰고 나무를 타고 다니기 때문에, 일본군이 잡으려 갖은 애를 써도 잡지 못한다는 소문이 널리 퍼져 있었다고 한다. 일본인의 억압 속에서 조선 민중의 소원이 투영된 김일성 장군에 관한 신출귀몰한 이야기는 어린 안병무에게 감동을 주었다. 김일성 자서전을 두 권이나 탐독했던 어린 안병무가 공산당의 독립

---

4) 안병무, 「통일운동의 주체는 누구인가」, 『한국민족운동과 통일』, 서울: 한국신학연구소, 2001, 371쪽.

운동에 호감을 가졌던 건 자연스러운 일이었다.

그러나 공산당에 대한 좋은 감정은 잠시였다. 어느 날 들미동 마을에 들이닥친 공산당이 밤중에 인민재판을 감행하였는데, 어린 안병무가 좋아하고 따랐던 텁석부리 영감이 단지 공산당을 욕했다는 이유로 처형을 당했기 때문이었다. 이 사건 이후로 안병무는 공산당을 부정적인 시각에서 보게 되었다고 한다.

안병무가 소학교 4학년 때에 일이다. 그가 다니던 소학교 교장이 학생들을 가르치기보다는 자기 밭에서 강제노역을 시키는 일에 앞장서고 있었다. 심지어 노동을 시키고도 학생들에게 임금을 지불하지 않았다. 일종의 노동 착취를 한 것이다. 이뿐만이 아니라 학생들에게 인기가 있던 실력 있는 교사들이나 자신의 말을 잘 듣지 않는 교사들을 쫓아내는 등 교장의 괴팍한 성격은 날이 갈수록 더해갔다. 이 같은 교장의 비리를 목격한 안병무는 어린 나이임에도 불구하고 이에 항의하였다. 일종의 의협심이 발동한 것이다. 이 일로 그는 더 이상 학교를 다닐 수 없게 되었다.

은진중학교 시절과 기독교 입문

퇴학을 당한 지 3개월 후에 안병무는 고향 마을인 들미동에서 80리 가량 떨어진 용정(龍井)에 있는 은진중학교로 옮긴다. 2002년 8월에 필자가 그곳에 가보니 은진중학교는 대성중학교로 이름이 바뀌어 있었다. 현재 조선족 선생들과 학생들로만 구성된 대성중학교에는 일제의 침략에 항거해 민족운동을 벌인 독립운동가 기념관이 있다. 그곳에는 문익환, 윤동주를 비롯해 민족운동가들의 사진과 프로필이 있다. 오늘날 대성중학교는 연변 조선족 자치구에서 두뇌가 명석한 조선족 학생들이 다니는 명문 학교가 되었다고 한다. 또한 대성중학교는 여전히 민족의식을 고취시키는 전당이기도 하다.[5] 당시 안병무는 그곳에서 처음으로 기독교 신앙을 접해 기독교인이 되었다.

---

5) 필자는 2002년 8월 19-24일에 한국기독교장로회 부산 노회 주최로 백두산에서 열린 '통일 희년 선교대회'에 참여한 적이 있었다. 이를 위해 북경을 거쳐 연변, 백두산, 두만강 접경지대인 도문시 그리고 용정을 여행했었다. 그리고 여행 중에 해란강, 일송정, 용정 우물 그리고 안병무, 윤동주, 문익환 등이 공부했던 대성중학교를 방문할 기회를 얻었다. 은진중학교, 대성중학교, 동훈중학교, 광명중학교가 포함된 몇몇 중학교들이 통폐합되어 우리가 방문할 당시에는 대성중학교 하나만 남아있었다. 당시 대성중학교는 사회주의 지도자들을, 은진중학교는 기독교 지도자들을 많이 배출한 것으로 유명했다. 이에 비해 광명중학교는 친일파들을 많이 배출하였던 것으로 악명이 높았다.

안병무는 용정 마을에서 난생 처음으로 십자가를 보았다. 아이들과 놀다가 한 교회에 세워진 십자가를 보고 궁금해져서 무엇이냐고 물었다고 한다. 아이 가운데 하나가 거기에 어떤 사람이 달려 죽었다고 대답했다. 그리고 얼마 후에 다른 동네에서도 십자가를 보았다. 안병무는 또 다시 십자가에 대해 물었고 같은 대답을 들었다. 어린 안병무는 십자가에서 죽은 사람이 궁금해졌다. 도대체 어떤 사람이 십자가에 달려 죽었을까? 이 호기심을 풀기 위해 안병무는 제 발로 걸어서 교회의 문을 두드렸다. 그리고 주일학교를 다니기 시작했다. 그는 '예수를 믿으면 옳게 살게 된다'는 목사의 설교에 깊은 감명을 받았고, 옳게 사는 길이 무엇인가를 찾기 위해 기독교 신앙에 귀의했다.

안병무가 예수를 믿게 된 동기 가운데 기독교의 일부일처제도 한 몫을 했다. 당시 그의 아버지는 어머니를 버리고 두 집 살림을 차리고 있었다. 어린 안병무는 이런 아버지에게 반감이 적지 않았다. 안병무는 예수를 믿으면 첩을 두지 않는다는 신념도 생겨났다. 후에 아버지로부터 독립한 안병무는 읍내의 정미소에서 사환 노릇을 하여 번 돈으로 어머니와 동생을 부양했다.

당시 캐나다 장로회 소속 선교회에 의해 설립된 은진중학교에는 후에 한국기독교장로회를 설립한 김재준이 교편을 잡고 있었다. 김재준은 캐나다 선교사인 교장 부루스의 초청을 받아 은진중학교에 교목으로 왔으며, 이곳에서 성서과 영어를 가르쳤다. 안병무는 이 학교에서 시인 윤동주와 문익환, 문동환, 강원룡, 김영규, 전은진, 김기주, 신영희 등을 만나게 되었고, 그들과 더불어 청소년기의 꿈을 키워나갔다. 특히 이때부터 시작된 문익환, 문동환 형제와의 우의는 이후 한국 민주화운동과 신앙의 동지로서 평생을 함께 하게 된다. 강원룡은 안병무의 2년 선배로서 같은 동아리에서 함께 활동했다. 강원룡은 안병무가 종교부에서 발표를 할 때마다 특유의 이론을 전개해 많은 사람의 관심을 끌었다고 한다.

은진중학교 시절부터 안병무는 조선 민중의 민족의식을 고취시키는 장소로 교회만한 곳이 없다는 사실을 깨닫게 되었다. "농촌 계몽운동으로 빼앗긴 나라를 되찾자"는 신념을 바탕으로 안병무는 교회를 거점으로 야학교와 주일학교를 세워 계몽운동에 앞장섰다. 이를 계기로 성도들은 새벽마다 민족의 독립을 위해서 기도했고, 이스라엘 민족이 이집트에서 해방된 역사를 담고 있는 「출애굽기」를 어느 성서보다도 많이 보았다고 한다. 당시 조선 민족의 독립과 해방에 대한 염원이 「출애굽기」 공부로 표출되었던 것이다.

안병무는 교회 속에서 민족의식을 고취시켰고, 민족해방에 대한 기독교인으로서의 사명을 확실하게 깨닫기 시작했다. 그러나 안병무의 아버지는 자신의 아들이 기독교인이 되는 것을 탐탁하게 여기지 않았다. 동양에서도 믿고 따를 만한 성현(聖賢)들이 충분히 많은데 굳이 서양 사람인 예수를 믿을 필요가 있느냐는 것이었다

간도에서의 전도사 생활

은진중학교를 졸업한 안병무는 1941년에 일본으로 건너갔다. 좀더 넓은 세계에서 학문을 연마하기 위해서였다. 안병무는 대정 대학을 거쳐 1943년 와세다 대학교로 옮겨 사회학과 철학을 심도있게 공부했다. 그는 집중적으로 키에르케고르의 실존주의 철학을 붙들고 씨름하였다. 그러던 중에 일본 군인들을 통한 강제 징집령을 피하기 위해 1944년 일본에서의 공부를 중단하고 간도로 다시 돌아왔다.

용정으로 돌아오자, 안병무는 은진중학교 종교부가 설립한 학성리라는 용정시 교외(郊外)의 한적한 마을에 자그마한 교

회 전임 전도사로 부임했다. 이곳에서 그는 한편으로는 학성리와 인근 마을 주민을 대상으로 기독교 신앙을 전도하는 데 열심을 냈으며, 다른 한편으로는 그곳에 야학을 개설하여 지역 주민들을 대상으로 계몽운동과 문맹퇴치운동을 벌여나갔다. 그는 농민들에게 조선의 역사와 조선말뿐만 아니라, 태극기 그리는 법과 애국가 등을 가르쳐주어 민족의식을 고취시키는 일에 앞장섰다. 이 시절에 안병무는 부흥사로도 활동하여 순회 전도사로서 간도 지방을 돌아다니며 조선 민중들에게 기독교의 생명과 해방의 복음을 전파하는 데에도 전력을 다하였다.

당시 안병무는 은진중학교 근처에 있는 동산교회에 출석했다. 이 교회는 성도수만 수백 명에 이를 정도로 그 지역에서도 제법 큰 교회였다. 새벽마다 이 교회에서는 1백여 명의 은진중학교 학생들이 참석하여 끓어오르는 젊은 피로 민족의 독립과 해방을 간구하는 기도를 드렸다. 동산교회의 새벽기도회에서 안병무는 장하구, 최봉삼, 장덕순, 도기순 등을 만나게 된다. 동산교회의 야학 선생이었던 이들은 안병무와 평생을 가까이 지내는 신앙의 동지들로서 후에 향린교회를 함께 창립하기도 했다.

조국이 해방되는 날에 안병무는 문득 용정의 동산교회에서 새벽마다 드렸던 신앙의 동지들의 기도를 하나님께서 들어주셨다는 감격을 맛보았다고 한다. 이러한 체험을 통해서 기독교와 민족주의가 서로 별개가 아닌 서로 뗄 수 없는 긴밀한 연관성 속에서 하나로 합류될 수 있음을 안병무는 깊이 깨닫게 되었다.

안병무의 민중에 대한 관심과 애정은 바로 이 시절에 싹튼 것 같다. 일본 제국주의 시대에 간도에서 나라를 잃고 유랑하는 조선인 민중들의 비참한 삶의 모습은 예수 시대에 팔레스타인의 갈릴래아 지역을 떠돌아다니며 문전걸식하던 유대 민중의 삶과 흡사했을 것이다. 당시 간도의 조선인 마을은 안병무에게 있어서 마치 갈릴래아처럼 이방인들이 거주하는 땅이요, 저주받은 조선 민중의 현장으로 비추어졌을 것이다. 간도라는 이방 땅에서 청소년기를 보낸 어린 안병무의 가슴에 어느 누구의 보호도 받지 못한 채 철저하게 버림받은 조선 민중의 고난과 아픔의 역사가 응어리져 있었을 것이다.

간도에서 나라를 빼앗긴 백성으로서의 경험은 어린 안병무의 잠재의식 속에 뿌리를 내렸다. 그리고 이것은 1970년대에 근대화라는 이름으로 군사독재정권에 의해 억압당하던 한국 민중을 만나게 했을 것이다. 다시 말하면 일제 식민지 치하에서의 민중의 경험과 군사독재 체제하에서의 민중의 경험이 하나로 합류되면서 안명무의 민중신학에 결정적인 영향을 끼친 것 같다.

해방군의 횡포를 목격하다

안병무는 간도에서 해방을 맞았다. 해방의 기쁨에 들떴던 그는 용정에서 장하구, 장덕순 등과 함께 하얀 이불 소창을 찢어 "Ura soviet soldat!(소련 인민군 만세!)"라고 쓴 플래카드를 만들어 거리에 거는 등 해방군을 맞을 준비를 했다. 여인네들도 시집올 때에 입었던 예복을 곱게 차려입고 태극기를 흔들며 해방군이었던 소련군을 환영했다. 안병무는 일본인들이 떠난 권력의 공백 기간에 한동안 그 지역의 치안책임을 맡게 되었고, 소련 점령군과 함께 통치하였다.

그러던 어느 날 안병무는 12세의 어린 소녀가 길바닥에서 좌익계열의 독립군 5명에게 윤간(輪姦)당하는 것을 목격하였다. 색마(色魔)로 변한 좌익계 독립군들의 난동은 청년 안병무에게 적지 않은 충격으로 다가왔다. 이에 그치지 않고 어느 주일 저녁에는 좌익계 독립군 10여 명이 교회 앞마당에 들이

닥치더니 여자들을 내놓으라고 소리를 치는 것이 아닌가? 안병무는 즉시 여성도들이 피하도록 했고, 자신은 그 시간을 벌기 위해 그들과 실랑이를 벌이며 시간을 끌었다. 안병무의 기지로 여성도들은 모두 화를 가까스로 면할 수 있었다.

그날부터 교회에서는 여성도들을 보호하기 위해 밤마다 남자 성도들이 파수를 서고, 주변에 깡통을 줄에 매달아놓았다. 독립군이 오는 것을 알려서 피하기 위함이었다.

당시 좌익계 해방군들은 조선 여인들을 닥치는 대로 강간했다. 대낮에 한길 바닥에서도 어린 소녀를 붙잡아 윤간을 범할 정도였다. 이로 인해 조선 민중은 점점 해방의 감격이 사라져버렸다. 이를 목격한 안병무는 좌익계 해방군들과 잦은 충돌을 일으키게 되었고, 마침내 공산집단은 안병무를 체포하라는 명령을 내렸다.

상황이 이렇게 되자 안병무는 신앙의 동지들과 함께 귀국하기로 결심했다. 그는 밤에 두만강을 건너 계속 남쪽으로 내려왔다. 며칠씩 굶어가면서 수십 리를 걷기도 하고, 기차를 타기도 하였다. 몇 주일이 지난 후 안병무는 마침내 개성을 지나 서울로 들어오는 데 성공했다.

안병무는 우리 민족에게 해방을 가져다 준 우방인 미군이 환영하는 땅에 들어섰다는 기쁨과 설렘으로 서울에 들어왔다. 하지만 기쁨도 잠시였다. 우방으로 여겼던 미군이 안병무 일행을 포로병처럼, 심지어는 짐승처럼 함부로 다루었기 때문이었다. 미군은 총 끝으로 안병무 일행을 위협하면서 나란히 세운 채 온몸에 살충제를 하얗게 뿌려대는가 하면 며칠씩 굶긴 채로 수용소에 감금하기도 했다. 후에 안병무는 당시에 자신이 마치 도살장에 끌려온 짐승과도 같았다고 술회할 정도로 미군의 만행은 잔인했다. 이렇게 서울로 들어온 그는 서울 일신감리교회에서 전도사로 목회사역을 시작했다. 이때에 만난 신앙의 동지들이 후에 평신도 신앙공동체인 향린교회를 설립하는 주축이 된다.

신앙공동체 일신회를 설립하다

해방과 더불어 월남한 안병무는 처음에는 영어 선생을 하며 생계를 이어갔다. 1946년에 서울대학교 문리과대학 사회학과에 입학한 안병무는, 전쟁 직전인 1950년 5월에 졸업했다. 너무 배가 고픈 나머지 경제학을 공부하고 싶은 생각도 있었지만, 사회의 경제현상 전반을 다루고 싶은 욕심이 있었고, 이를 위해서는 경제학보다는 사회학이 유익할 것이라고 판단했던 것 같다. 안병무는 기독교 중심의 신앙운동만으로는 사회 변혁을 이룰 수 없기에, 신앙운동과 함께 사회공동체 운동을 병행해야 한다고 생각했다. 이것이 그가 경제학이 아닌 사회학을 택하게 된 또 하나의 동기였다. 당시만 해도 안병무는 신학을 공부할 생각이 전혀 없었던 것 같다.

부전공으로는 종교학을 택하였다. 당시 서울대학교에는 단과대학마다 기독 학생회가 결성되고 있었다. 그리고 각 단과대학 기독 학생회가 모여 서울대학교 기독 학생 총연합회를 결성했는데, 안병무가 초대 회장직을 맡았다. 대학에 입학하면서부터 기독교 신앙공동체 운동을 꿈꾸었던 그는 서울대학교 기독 학생회 회원들을 주축으로 기독교 신앙공동체를 조직하였다. 그렇게 해서 만들어진 것이 바로 '일신회(一信會)이다. '한 하느님[一神]', '한 믿음[一信]', '한 몸[一身]'이라는 세 가지 뜻을 담고 있다는 의미에서 '일신회'라 지었다.

일신회 회원들은 정기적으로 각 가정을 돌면서 모임을 가졌다. 그들은 간단하게 예배를 드리고 모임을 시작해 성서연구, 신앙토론, 독서토론에 열중하였다. 어떤 때는 밤을 새워가며 열띤 토론을 하기도 했다. 모임에 늦는 회원들을 경고하기 위해 문 앞에 "이미 시간은 지났다. 밖에서 슬피 울며 이를

값이 있으리라”는 팻말을 걸어두기도 했다. 특별한 사정이 없
는 한 매번 전원이 참석했던 것으로 보아 열의가 뜨거웠던 것
같다. 학기가 끝나면 회원 전원이 며칠씩 합숙하는 신앙수련
회를 개최하여 회원간의 공동체 의식을 강화하기도 했다.

1950년 6월 23일에 일신회 회원들은 앞으로 무엇을 할 것
인가에 대한 구체적인 방향을 설정하기 위해 자하문(紫霞門)
밖 승가사(僧家寺) 근처에 있는 수도원에서 수련회를 가졌다.
바로 이때 이들은 수도원에 거주하는 아주머니에게 전쟁이
터졌다는 소식을 전해들었다. 안병무의 제안으로 참석자들은
그 자리에서 구국기도회를 드렸고, 언제 어디서 만나자는 약
속도 없이 각자 헤어졌다. 전쟁은 일신회 회원들을 대구, 부
산, 전주 등 전국으로 뿔뿔이 흩어지게 했다. 안병무도 전주
로 피난을 갔다. 그는 그곳에서 공동체 운동의 꿈을 실현하기
위해 일신회를 재건하려 했다. 그래서 전국에 흩어져 있는 일
신회 회원들의 주소를 수소문하고 일일이 찾아다니며 모임의
필요성을 역설하였다. 결국 우정과 동지애를 되살려 전주에서
첫 모임을 갖게 되었다.

모이자! 그래서 정신을 가다듬고 이 시대에 주시는 하
나님의 음성을 듣자. 그리고 일하자. 내일 죽더라도 무엇

을 하기 위해 왔다는 보고의 자료라도 있어야 하지 않겠
는가? 오늘의 교인들은 교회를 냉소하고 있다. 우리는 이
들과 함께 살면서 참 교회의 모습을 어떤 것인가를 보여
주어야 한다. 그리고 신앙지를 내도록 하자.

결국 안병무는 일신회를 성공적으로 재건했다. 그리고 그
들을 중심으로 『야성 野聲』이라는 잡지를 출간했다.

월간지 『야성』을 출간하다

일신회는 한편으로는 초대 교회 때와 같이 사적 소유제에
서 벗어나는 신앙공동체 운동을 목표로 했고, 다른 한편으로
는 좌우 이데올로기를 초월한 제3의 기독교 신앙운동을 표방
했다. "너희가 나를 따르려거든 자기의 모든 소유를 버리고
제 십자가를 지고 나를 따르라"는 예수의 말씀에 따라 일신회
회원들은 자본주의적 사유재산에 집착한 한국 교회를 비판하
고, 자신의 소유를 팔아 필요에 따라 서로 나누는 신앙생활,
곧 상부상조에 기초한 초대 교회의 신앙공동체 운동을 회복
하려 했다.

다른 한편으로 일신회 회원들은 한국 사회의 가장 큰 병폐

를 소모적인 이데올로기 논쟁에서 찾았다. "우리는 좌(左)도 아니고 우(右)도 아니다"라는 명분으로 좌우 이데올로기에 매이지 않은 채 양자를 지양(止揚)한 대안으로서의 제3의 기독교 신앙공동체 운동을 꿈꾸었다.

『야성』은 전쟁으로 인해 패배주의와 정신적 공황에 시달리던 기독교 청년들에게 큰 희망의 빛을 던져주는 동시에 민족정신을 고취시키는 계몽운동을 전개할 수 있는 발판을 마련해 주었다. 또한 이를 거점으로 예수의 이웃 사랑 정신으로 무장된 평신도 신앙공동체 운동을 펼쳐나갈 수 있는 기틀을 마련하였다.

1951년 11월 『야성』 창간호에서 안병무는 「나는 주의 길을 곧게 하라고 광야에서 외치는 소리」라는 제목의 글을 기고했다. 이 글에서 그는 세례 요한의 말을 통해 현실과 타협하면서 현실에 안주하기에 급급한 기성 교회들을 맹렬히 비판하였다. 이와 함께 거친 들판과 같은 세상의 한복판에서 진실을 담은 새로운 교회공동체를 만들어가겠다는 의지 또한 분명하게 피력했다. 「고난의 의미」라는 글에서도 안병무는 예수를 팔아 호구지책으로 삼고 있는 한국 교회의 삯꾼 목사들을 비판하면서, 오히려 목사 없이 평신도들로만 구성된 평신도

교회를 권면하기도 했다. 안병무의 이러한 선교적인 노력들에
는 전쟁의 폐허와 참담함 속에서 희망을 잃고 좌절 속에 빠져
있는 한국 교회와 민중에게 기독교 복음을 통하여 새로운 위
로를 주고, 미래의 꿈을 다시 불어넣고자 하는 시대적 개혁정
신이 깃들어 있었다.

안병무는 『야성』을 신학이론을 펼치는 장으로 규정하지 않
았다. 가르치고 연구하는 학자(scholar)가 아니라 배우는 학도
(students)로서, 그리고 목사(minister)가 아니라 평신도(layman)
로서 보고 체험한 한국전쟁의 비극과 참상을 기독교 복음의
지평에서 새롭게 해석하는 것을 목적으로 잡지를 발간했다. 2
천 년 전에 광야에서 외치는 소리로 살았던 세례 요한처럼 안
병무는 스스로 들에서 외치는 소리, 곧 '야성'으로 살려 했던
것이다.

『야성』이 발간되자마자, 한국 교계에서는 즉각적인 반응이
나타났다. 긍정적인 반응과 부정적인 반응이 한꺼번에 쏟아졌
다. 예를 들어 『야성』이 잠자는 한국 교회를 깨우고 복음의
빛 아래 다시 설 수 있도록 해준다며 등대나 생명의 떡으로
보는 이들이 있었는가 하면, 이와 달리 대체 "웬놈들의 소리
냐?"면서 공격하는 비판의 소리도 적지 않았다. 일신회 회원

들은 각자의 전공에 따라 다양한 주제의 글을 『야성』에 기고했다. 교회 갱신에 관한 글, 평신도 중심의 교회 제도, 목회와 예배 형식의 갱신, 정치·사회적 변화에 대한 기독교적인 인식, 그 외에도 회원들의 일상 생활을 담은 신앙 수필과 희곡 등 다양한 장르의 대안적인 글들이 이 잡지에 실렸다.

『야성』의 독자층은 주로 기독교 신앙이 있는 학생, 청년, 군인이었다. 당시 한국 교회를 대표하는 진보적인 신학자 가운데 한 사람인 김재준 목사는 『야성』을 위해서 금일봉과 격려의 글을 보내기도 했다. "귀지의 출간을 진정으로 축하합니다. 항간에서 흔히 볼 수 있는 선정적인 기사가 아니라, 신앙 동지로서의 진실한 고백문을 읽는 담백하고 순수한 정조가 좋습니다."

안병무는 다양한 필명으로 매호마다 『야성』에 원고를 썼다. 한때는 3천 부까지 발간할 정도로 독자가 늘어나기도 했으나, 끝내는 재정적인 압박을 이기지 못하고 1956년 1월호를 끝으로 폐간되었다.

전쟁이 끝나자 일신회는 전주에서 서울로 거처를 옮겼다. 그들은 새로운 신앙공동체를 꿈꾸며 남산 약수터 아래에 있는

120여 평의 적산가옥 한 채를 인수했다. 인민군들의 거처였던 그 집에는 전쟁의 상처가 고스란히 남아있었다. 지하 방공호에는 피로 얼룩진 인민군들의 옷가지들이 쌓여 있었다. 인민군 옷들을 꺼내어 마당에 쌓아놓고 불을 지르자 불길이 하늘을 향해 치솟았다. 안병무는 그 불길을 보면서 이 민족에게 가혹한 형벌을 내리시는 하나님을 원망하기도 했다고 한다.

새로 정리한 집에 '향린원(香隣院)'이라는 이름을 붙였다. 초대 교회의 모습을 본받아 자신의 소유를 포기할 것을 서약한 몇몇 회원들이 모여 공동체 생활을 시작하였다. 1953년 5월 17일 주일에 창립 예배를 시작으로, 상부상조를 모토로 하는 평신도 신앙공동체가 탄생한 것이다. 이곳에서 안병무는 주일 예배를 비롯하여 모든 예배의 설교를 담당했다. 수요일 저녁 예배 후에는 모든 교인들이 모여 찬송을 부르고 성서공부를 했다. 당시에는 전쟁의 상흔 속에서 위로를 간절하게 구하는 종말적인 희망의 메시지가 담긴 찬송가들을 자주 불렀다고 한다. 찬송가 531장은 그들이 애창하던 찬송가였다.

① 때 저물어 날 이미 어두우니, 구주여 나와 함께 하소서,
　내 친구 나를 위로 못할 때 날 돕는 주여 함께 하소서.
② 내 사는 날이 속히 지나고 이 세상 영광 빨리 지나네,

이 천지만물 모두 변하나 변찮는 주여 함께 하소서.
③ 주 홀로 마귀 물리치시니 언제나 나와 함께 하소서,
주같이 누가 보호하리까 사랑의 주여 함께 하소서.
④ 이 육신 쇠해 눈을 감을 때 십자가 밝히 보여 주소서,
내 모든 슬픔 위로하시고 생명의 주여 함께 하소서.

이때에 안병무는 홀어머니를 모시고 남동생과 함께 살았는데, 그 또한 다른 사람들과 마찬가지로 가난하고 힘들게 지냈다. 밥상은 언제나 보리밥에 된장찌개뿐이었다. 이런 어려운 삶이 몸에 배어서인지 안병무는 평생을 검소하고 금욕적인 삶을 살았다. 그는 일생 동안 사치를 모르고 살았다. 이처럼 자기 자신에 대해서 항상 엄격했지만, 타인을 배려하는 마음은 남달리 컸다.

일신회 회원을 중심으로 안병무가 꿈꾸었던 무소유 형태의 신앙공동체 운동은 현실의 장벽에 부딪히게 되었다. 결혼을 하여 가정이 생긴 사람들이 사적 소유를 포기하고 공동체 생활을 한다는 것은 그리 쉬운 일이 아니었기 때문이다. 향린원을 중심으로 한 신앙공동체 운동은 결국 결혼과 '가족 이기주의'라는 사회 제도의 장벽을 극복하지 못하고 일상적인 평신도 중심의 교회로 머물게 되었다.

사적 소유와 개인주의를 근간으로 하는 자본주의 사회 속에서 사적 소유를 포기하는 신앙공동체를 만들겠다는 꿈은 애초부터 불가능했는지 모른다. "아! 글쎄, 모여서 열심히 논의하여 결의하고도 하룻밤 자고 나면 달라지는 거야. 밤새 마누라들이 그 마음을 바꾸어 놓은 거지." 안병무는 46세까지 결혼을 하지 않고 혼자 지냈다. 결혼과 가족 이기주의라는 한계의 경험과 "나를 따르려면 자기 처와 자식을 버리고 나를 따라야 한다"는 예수의 말씀에 순종하기 위해서였는지 모른다.

재산을 공유하며 필요에 따라 분배했던 초대 교회를 닮은 신앙공동체 운동으로 출발한 향린원은 결국 회중 중심의 평신도 교회 형태로 정착될 수밖에 없었다. 현재 서울 명동에 자리 잡고 있는 향린교회의 전신이 바로 향린원 신앙공동체이다. 안병무는 향린교회를 가리켜 "본래 호랑이를 그리려고 하였는데, 그만 고양이를 그리고 말았다"고 자주 말하였다. 그의 이상을 실현시키지 못한 아쉬움의 표현이었을 것이다.

독일 유학을 결심하다

신앙공동체 운동에 한계를 느낀 안병무는 몇몇 동지들과 함께 중앙신학교(현재 강남대학교) 재건에 참여하였다. 그는 이곳에서 학생들에게 사회학, 헬라어, 실존주의 철학, 공관서 신학을 가르치면서 신학의 본고장인 독일에 가서 본격적으로 신학을 공부하고자 하는 열망이 일어나게 되었다.

1956년에 안병무는 평소에 관심을 가지고 있었던 '역사의 예수'를 보다 학문적으로 심화시키기 위해 개혁신학의 본고장인 독일 하이델베르크 대학으로 유학을 떠난다. 독일에 도착하자마자 가장 먼저 찾은 곳이 덴마크에 있는 키에르케고르(Kierkegaard)의 묘소였다고 한다. 신앙공동체 운동에서 실패와 좌절을 맛본 그가 키에르케고르의 실존주의 철학에서 얼마나 큰 위로를 구했는지를 알 수 있는 대목이다.

유학 기간에 안병무는 한편으로 키에르케고르와 하이데거(M. Heidegger)의 실존주의 철학에 몰두했으며, 다른 한편으로는 그들의 실존주의 철학에 근거하여 신학의 새로운 장(場)을 개척한 불트만(R. Bultmann)의 실존주의 신학 연구에 몰두하였다. 그가 유학했을 당시 불트만은 이미 은퇴한 후였고, 불트만의 수제자요 『나사렛 예수 *Jesus von Nazareth*』라는 책으로 세계 신학계에서 명성을 떨치고 있던 보른캄(G. Bornkamm)이 하이델베르크 대학의 신학부장으로 있었다.

보른캄 교수 밑에서 안병무는 박사학위논문을 준비했다. 당시 캠퍼스에서 만났던 학우 중 각별히 가깝게 지내며 평생 동안 우정을 나누었던 친구들이 『요한 묵시록』 연구에서 독보적인 위치를 차지하고 있는 일본 신학자 아키라 사다케와 뮌헨 대학에서 은퇴한 페르디난트 한(F. Hahn)이다. 이들은 모두 보른캄 교수 밑에서 박사논문을 준비하고 있었다. 필자가 최근에 만난 한 교수는 안병무에게 한국 문화, 종교를 비롯해 동양 사상에 관해 많은 것을 배웠으며, 그를 통해 동아시아 선교에 관심을 갖게 되었다고 술회하였다. 안병무가 귀국한 후에도 한 교수는 그에게 독일 교회와 한국 교회와의 신학교류 프로그램을 제안했고, 그 결과로 1973년에 <한국신학연구소>가 설립되었다고 했다. 당시 '동아시아 선교국'의 회장이었던 한 교수는 연구소가 설립될 수 있도록 독일 교회의 재정지원과 신학이론에 대한 지원을 이끌어내는 데에 결정적인 역할을 했다. 이와 함께 그는 독일 교회가 1970~80년대 한국 교회의 민주회복과 인권운동을 지원하는 데에도 크게 기여했다.[6]

---

6) 2006년 2월 16-24일에 필자는 독일 교회 '동아시아 선교국(Ost Asia Mission)'의 초청으로 뮌헨 근처에 위치한 스타른베르거 (Starnberger)의 성베네딕트 수도원을 방문하였다. 독일이 낳은 세계적인 석학인 페르디난트 한(Ferdinant Hahn) 교수의 80세 생일 기념으로 '고대 및 현대 종교에 있어서 역사적 예수가 갖는 의미'

안병무의 하이델베르크
대학 동창인 한 교수(중)와
사다케 교수(우).

1965년에 안병무는 예수의 아가페(사랑)와 공자의 인(仁)을 서로 비교하는 내용의 박사학위논문을 제출하였다.[7] 이 논문에서 그는 복음서에서 발견할 수 있는 역사의 인물로서의 예수가 벌인 하나님 나라 선교운동의 핵심을 '사랑(agape)'에서 찾았고, 그것을 공자의 '인(仁)' 사상과 연결시켜 동양 사상과 서양 사상의 변증법적 통합을 시도하였다.

라는 주제로 마련된 심포지엄에 참석하기 위해서였다. 한국, 독일, 일본의 학자 25명이 참석했던 이 자리에서 필자는 「예수의 하나님 나라와 노자의 무위자연사상」이라는 제목의 논문을 발표했다. 페르디난트 한 교수는 마치 친구였던 안병무가 살아 돌아온 것 같다며 필자를 따뜻하게 환대해 주었다.

7) 안병무는 그의 학위논문인 「공자와 예수에 있어서 사랑의 이해 Das Verständnis der Liebe bei Kung-tse und bei Jesus」(Heidelberg, 1965)에서 예수의 가장 으뜸가는 계명인 이웃 사랑의 계명과 공자의 '인(仁) 사상'을 비교하면서 이를 사회·정치 영역으로 확대 적용시켰다.

독일 유학 시절에 안병무가 주로 관심을 가지고 연구했던 분야는 역사비평학에 근거한 역사적 예수 연구와 실존주의적 성서해석 방법이었다. 안병무는 성서를 기독교의 특정 교리 체계에 얽매어 문자주의적으로 읽거나 해석하는 입장을 거부했다. 그는 불트만의 실존론적 해석학에 공감하면서 성서를 인간 실존에 관한 물음이라는 지평에서 새롭게 해석하였다. 그는 성서에서 '전체를 위한(pro nobis)' 진리나 보편적이고 체계적인 진리가 아니라, '나를 위한(pro me)' 진리, 개체적이고 실존적인 진리를 찾으려 했다. "주여! 쓸모없는 것들에 대해서는 둔한 눈을 주시고, 당신을 아는 모든 진리에 대해서는 아주 맑은 눈을 주소서."[8]

안병무는 인간의 실존을 두 가지의 지평에서 조명했다. 과거의 빛에서 본 자기와, 미래의 빛에서 본 자기가 그것이다. 과거에서 볼 때 바울은 가진 것이 많았다. 그러나 그리스도를 만난 후에는 자신의 과거를 배설물처럼 버린다고 했다. 왜 그런가? 자신의 삶을 보장해 줄 수 있다고 생각했던 것들이 실상은 자신을 잃어버리게 하고 있음을 깨달았기 때문이다. 존재한다는 것은 내가 무엇을 소유했다는 것과는 다른 문제다. 즉, 가진 것이 바로 나일 수는 없다. 실존은 소유일 수 없다.

---

8) 안병무, 『성서적 실존』, 한국신학연구소, 1982, 3쪽.

'이미 있는 것(already)'과 '아직 오지 않은 것(not yet)' 사이에
존재하는 것이 인간의 실존이다.

성서에서 실존적 삶을 대표하는 인물은 누구인가? 안병무
는 아브라함을 든다. 아브라함은 이스라엘의 조상으로 추앙받
는다. 하나님으로부터 "네 고향과 친척, 그리고 아비 집을 떠
나라"는 명령을 받고 고향을 떠난 「창세기」 12장의 아브라함
이야기는 이집트에서 노예 생활을 하던 히브리 민족의 출애
굽 사건의 모형(模型)이 되고 있다. 부모와 고향집을 떠난 아
브라함은 모든 위험을 무릅쓰고 미래를 향해 자기를 맡겼다.
아브라함은 한 곳에 정착하지 못하고 끝없이 떠돌아다니며,
베두인이라고 불리는 유목민(遊牧民)의 조상이 된다. 그래서
이스라엘은 자신들의 조상을 "떠돌아다니는 아람인"으로 고
백한다.9)

안병무는 「창세기」 2~3장의 에덴동산 이야기도 실존주의
적 지평에서 읽는다. 그는 에덴동산 설화를 '역사적 사실
(historical fact)'이 아닌 인간 실존의 이야기로 읽는다. 아담

---

9) "내 조상은 떠돌아다니면서 사는 아람 사람으로서 몇 안 되는 사람
   을 거느리고 이집트로 내려가서, 거기에서 몸붙여 살면서, 거기에
   서 번성하여, 크고 강성한 민족이 되었습니다"(신 26:5).

역시 연대기적 의미에서 인류의 조상이 아니라 시공을 초월해 나와 만날 수 있는 '실존적 인간'의 조상으로 보았다. 「창세기」 1~2장에 나오는 악, 고난, 인간의 근원, 죽음의 문제도 마찬가지다. 그것은 한 시대에 한정된 문제가 아니라, 시공을 초월해 모든 인간이 공통적으로 경험하는 실존의 문제이다.

신약성서의 예수 이야기에서도 안병무는 실존적 인간의 모습을 발견했다. 「마태복음」 22장 1~14절에 보면 혼인잔치에 관한 예수의 비유 이야기가 나온다. 한 주인이 잔치를 배설하고 사람들을 초대한다. 그런데 밭을 사거나 소를 산 사람, 또한 여자를 얻은 사람들은 자기 소유를 지키기 위해 주인의 초대에 응하지 않는다. 그들은 하나님 나라에 초대를 받았으나, 자신의 기득권 때문에 그 초대를 거절했다. 이에 주인은 진노하여 거리에 나가서 '아무나' 불러오라고 한다. 그렇게 해서 실제로 잔치에 참여한 사람은 기득권이 없는 사람들이다. 그들은 가진 것이 없기에, 하나님 나라의 초대에 쉽게 응답하는 삶을 살 수 있었다.[10]

안병무는 예수의 삶 속에서도 고독한 실존주의자의 모습을

---

10) 안병무, 『그래도 다시 낙원에로 환원시키지 않았다』, 한국신학연구소, 41-43쪽.

발견한다. 하루 종일 군중에 싸여 지내던 예수는 날이 저물자 무리를 해산시킨 후에 산으로 올라가 그곳에서 홀로 지내셨고(막 1:35), 틈만 나면 인적을 피해 산으로 올라가 자주 홀로 지내셨다(요 7:53; 8:1). 기도는 자기에게로 돌아가는[還元] 행위이다. 외딴 곳에서 홀로 기도하는 예수의 모습 속에서 안병무는 본래 자기로 돌아가는 단독자(單獨者) 예수를 발견했다.

물론 고독을 찾아 홀로 있는 것, 그 자체가 목적은 아니다. 홀로 있음은 그 자체가 목적이 아니다. 다시 만남[再會]을 전제할 때에 비로소 그 의미가 있다. 새로운 희망은 일상성 속에서 잃어버린 자신의 모습을 되찾는 일에서부터 시작된다. 그러기 위해서는 먼저 밖으로 향한 문을 걸어 잠그고, 자기 내면을 들여다보아야 한다. 안병무는 '외로움(Loneliness)'과 '홀로 있음(Solitude)'을 구분하고, '외로움'에서 '홀로 있음'으로의 방향전환을 역설했다. 무엇보다도 먼저 홀로 있음으로 해서 자기 자신과 대면할 수 있어야, 나의 시각이 이웃과 세계를 향하여 확장될 수 있다.

안병무는 인간의 실존적 특성을 '불안(不安)'에서 찾았다. 인간은 과거와 미래 사이에 실존(實存)하는데, 과거는 이미 지나가 버렸기에 내 손에 잡히지 않는다. 미래는 아직 오지 않았기에 내 손이 미칠 수 있는 영역이 아니다. 인간은 과거와 미래의 사이, 곧 '지금 여기(hic et nunc)'에서 실존할 뿐이다. 그러니 인간의 실존은 불안(Angst)할 수밖에 없다는 것이다.

안병무가 유학 시절에 익힌 또 하나의 성서해석 방법으로 역사비평학(historical Criticism)이 있다. 일반적으로 문자주의적 방법이나 교리주의적 방법이 성서해석 방법으로 쓰이는데, 전자가 성서 문자의 계시성에 비중을 두고 있다면, 후자는 교리의 정당성을 증빙하기 위한 자료로 성서를 해석한다. 이와 달리 역사비평학은 성서를 '계시의 책'이자 동시에 '역사의 책'으로 읽는다. 다시 말해 한편으로 성서가 쓰인 역사적 맥락을 고려하며 텍스트를 읽으며, 다른 한편으로 저자가 성서 본문을 통해 드러내고자 하는 영적 의미를 고려하면서 성서를 읽는다. 역사비평학적 연구를 통해서 안병무가 도달한 결론은 복음서가 예수의 '자서전'이 아니라, 초대 교회 기독교인들의 '신앙고백서'라는 것이다.

함석헌과의 북유럽 여행

1962년에 함석헌은 미국 퀘이커교도의 초청을 받아, 필라델피아 펜들힐에 위치한 퀘이커 명상센터를 방문하여 그곳에서 10개월간 체류했다. 1963년 봄에는 영국에 있는 퀘이커

교도들이 함석헌을 버밍햄에 있는 우드브룩 퀘이커 연구소 연구원으로 초대했다. 영국에 머물던 함석헌은 그해 여름에 안병무를 만나러 독일 하이델베르크를 찾는다.

함석헌은 일제 시대에는 군국주의 치하에서 보냈으며, 해방 후에는 군사독재정권 치하에서 살았다. 이러한 부정적인 경험을 통하여 함석헌은 국가 권력을 항상 비판적인 시각에서 보았으며, 민중을 억압하는 국가 권력에 항거하는 삶으로 일관했다. 함석헌은 씨알이 역사와 민족의 주체요 동시에 우주의 중심이라고 생각했고, 예수를 참된 씨알, 곧 옹근 씨알로 보았다. 그는 오늘의 씨알이 세상 죄를 지고 가는 하나님의 어린양이며, 인류를 구원하는 '현존의 그리스도'를 씨알에서 발견해야 한다고 주장하기도 했다. 국가 권력에 대한 비판적 입장, 씨알과 예수 그리스도를 동일시 그리고 씨알을 역사와 민족의 주체로 본 함석헌의 씨알 사상은 안병무의 민중신학 형성에 큰 영향을 끼쳤다.[11] 비타협적이고 곧은 성격의 소유자인 함석헌과 안병무는 학풍이나 삶의 자세에 있어서 서로 비슷한 점이 많았다.

---

11) 김성수, 『함석헌 평전』, 삼인, 2001 참조. 함석헌의 씨알 종교사상에 대해서는 김명수, 「함석헌의 씨알과 종교사상」, 『씨알의 소리』, 2004년 5·6월호, 통권 제178호, 48-80쪽 참조.

안병무는 독일의 국민차였던 폭스바겐을 직접 운전하면서 함석헌과 함께 한 달에 걸쳐 덴마크, 노르웨이, 핀란드를 비롯한 북유럽 국가들을 두루 돌며 여행을 했다. 후에 함석헌은 이때가 자기 생애 가운데 가장 즐겁고 행복했던 시기였다고 술회했다. 오랜 시간 여행을 하면서 두 사람은 5·16군사 쿠데타 이후 한국 정치 현실과 앞으로의 전망에 대해서 많은 의견을 나누었고, 군사독재정권에 대응하여 민주화를 이루기 위해서 재야세력이 거국적 차원에서 어떻게 힘을 모아 대응해 나갈 것인가에 대해서 많은 대화를 나누었던 것 같다. 이때까지 함석헌은 마치 광야에서 외치는 세례 요한처럼, 글과 강연을 통해 박정희의 군사 쿠데타의 부당성과 군사 정권을 비판하면서 고군분투하고 있었다. 그러나 그는 하나의 조직 체계를 결성하여 결집된 힘으로 민주화 달성을 위한 구체적인 행동으로까지 나아가지는 않고 있었다.

당시 박정희는 김종필과 함께 민주공화당을 만들어 군사 정권을 장기화 할 계획을 수립하고 있었다. 함석헌과 안병무는 많은 대화를 통하여 무엇보다도 먼저 국내 사태의 심각성을 새롭게 인식하게 되었다. 안병무는 함석헌에게 될수록 빠른 시일 내에 귀국할 것을 종용하였다. 재야인사들을 중심으로 민주화를 위한 국민운동 본부를 결성하고, 박정희 군사정

권의 영구 집권음모에 대항하는 연대투쟁 전선에 나설 것을
설득했다.

함석헌은 본래 성격이 온순하고 겸손하며 수줍음을 잘 타
는 사람이었다. 그는 스스로 앞장서서 사람들 앞에서 무언가
를 해야 할 인물은 못 된다고 생각하고 있었다. 어느 날 호텔
에서 아침식사를 하던 도중에 안병무는 그에게 독일어로 된
신문을 건네주었다. 이 신문은 1면 특집 기사로 한국의 문제
를 다루고 있었는데, 제조업 노동자들의 열악한 노동 현실과
박정희 군사정권의 장기 집권 음모기사가 실려 있었다. 함석
헌은 그 기사를 읽으며 눈물을 흘렸다고 한다. 1960년 4월 씨
알혁명을 통해 자유민주 국가가 수립되는가 싶었는데, 군사
쿠테타로 씨알의 꿈이 온전히 수포로 돌아가고, 군사독재정권
에 의해 정치·경제적 압박을 받아야 할 씨알의 운명을 생각
하니 비참했던 것이다. 안병무의 우정어린 설득으로 함석헌은
인도와 아프리카 여행 계획을 취소하고, 곧장 귀국했다. 귀국
한 함석헌은 안병무에게 다음과 같은 내용의 편지를 보낸다.

나는 이제 결심했습니다. 극한 투쟁을 하기로. 비폭력
의 국민운동을 일으켜, 민정을 수립하도록 하자는 것입니
다. 물론 나야 정치가는 아니지만, 여론을 일으키도록 하

렵니다. 지방순회도 생각하고 …… 요새 안형 생각을 자
꾸 합니다. 1963년 7월 24일.[12]

귀국과 결혼

안병무는 10년 동안의 독일 유학 생활을 마치고 1965년 학
위 취득과 동시에 귀국했다. 귀국하자마자 그는 유학을 떠나
기 전에 재직했던 중앙신학교 교장으로 부임하게 되었고, 동
양의 신비종교가였던 다석 유영모 그리고 함석헌과 함께 학교
부흥에 힘썼다. 안병무는 학생들에게 성서학을 비롯한 신학
일반을 가르쳤고 유영모와 함석헌은 동양 사상을 가르쳤다.

안병무는 독신주의자는 아니었지만 늦게까지 결혼을 하지
않은 채 홀로 지냈다. 향린원 신앙공동체 운동에서의 부정적
인 경험과 결혼을 하여 부양해야 할 가족이 생기면 예수를 따
르는 삶이 불가능하다고 판단했기 때문일 것이다. 예수를 따
르는 일과 결혼 생활은 그에게는 양립할 수 있는 것이 아닌
선택사항으로 여겨졌다. 안병무의 어머니는 죽음이 가까워오
자 아들을 불러놓고 평생 동안 마음에 품고 지내던 소원 한
가지를 말하였다. 죽기 전에 아들이 결혼하여 며느리를 보고,
손자를 안아보는 것이었다. 결국 그는 당시 전국 YWCA 총

---

12) 『함석헌 전집』 18, 한길사, 1985, 73쪽.

무를 맡고 있던 박영숙과 결혼을 하였다. 그의 나이 47세 때의 일이다. 박영숙은 이화여대에 다닐 때에 접했던 잡지『야성』의 애독자였는데, 안병무를 YWCA 성서연구자로 초청한 것이 인연이 되어 결혼으로 이어졌다.

귀국하고 2년이 지난 1967년에 '동베를린 사건'(일명 동백림 사건)이 터졌다. 1967년 7월 14일에 중앙정보부는 '동베를린을 거점으로 한 북괴대남공작단 사건'의 전모와 함께 이 사건에 연루된 사람들의 명단을 발표하였다. 당시 프랑스에서 활동하던 화가 이응로와 서독에서 활동하던 작곡가 윤이상을 비롯해 몇몇 재독 유학생들이 동베를린을 여행한 일이 있었다. 이 정보를 입수한 중앙정보부는 그들을 체포하여 한국으로 압송하였고, 북괴의 지령에 따라 움직인 간첩사건으로 몰았다. 안병무 또한 단지 독일에서 유학했다는 이유만으로 중앙정보부에 끌려가 취조를 받았다. 그 과정에서 안병무는 온갖 모욕을 당하는 등 비인간적인 취급을 받았다. 이로 인해 그는 군사 권력의 실체를 더욱 뼈저리게 경험하게 되었고 한국 사회 현실의 모순에 대하여 새로운 눈을 뜨게 되었다.

안병무는 더 이상 상아탑에 안주해 살아가는 학자가 아니었다. 그는 군사독재 체제에 항거하고 민주화 실현을 위한 정치

투쟁에 적극적으로 참여하며 행동하는 기독교 지식인으로서의 삶을 시작했다. 그는 군사독재의 영구 집권을 저지하기 위해서 김재준, 장준하, 함석헌 등과 함께 1969년에 거국적으로 시행된 '삼선개헌 반대 범국민 1백만인 서명운동'에 앞장섰다. 이 일로 안병무는 또 한 차례 중앙정보부에 끌려가 곤욕을 치렀다. 이런 일련의 정치 사건들로 그는 박정희 군사독재정권의 미움을 사게 되었고 그들과의 악연(惡緣)이 시작되었다.

안병무는 1969년부터 『현존』이라는 전문적인 월간 신학잡지를 발간해 한국 교회의 개혁을 위한 새로운 신학운동을 전개하기 시작했다. 『현존』을 통해 안병무는 신학의 불모지인 한국 신학계와 교회 목회자들에게 한편으로 세계 신학의 동향을 소개하고 다른 한편으로 역사비평학에 의거한 성서해석 방법론을 소개했다. 이 잡지를 중심으로 성서 말씀에 대한 바른 이해와 기독교 복음이 갖는 사회적 책임과 역할을 강조하며 기독교 계몽운동을 펼쳐나갔다. 그러나 『현존』은 사회 비판적 성격을 지니고 있다 해서 당시 전두환 군사정권이 만든 '언론기본법'에 의거해 1980년 8월, 제113호를 끝으로 폐간되었다. 이를 대신하여 1989년 12월에 평신도들의 신앙 강화를 위해 월간 『살림』을 출간했다.

한국신학대학 교수 시절

1970년에 안병무는 한국신학대학 학장이었던 김정준으로부터 뜻밖의 제안을 받게 된다. 당시 한국신학대학 신약학 교수의 충원이 필요했었고, 이에 안병무에게 그 자리를 제안한 것이다. 마침 안병무는 중앙신학교에서는 자기가 꿈꾸어 오던 신학적인 포부를 펼치기에 한계가 있음을 느끼고 있었다. 그렇게 해서 그해 5월 그는 한국신학대학으로 자리를 옮기게 되었다.

그는 학생들에게 신약성서 신학 전반을 강의했다. 특히 불트만의 실존주의 신학을 비롯해 근대 서구 신학의 흐름과 동향을 신학생들에게 소개하는 데 힘썼다. 학문에 대한 열정, 학문하는 방법의 엄격성, 사물을 보는 날카로운 안목, 비판적인 사고, 절제된 실존주의적 언어의 사용, 성서 말씀을 해석하는 독특한 시각은 그의 강의를 듣는 학생들을 매료시키기에 충분했다. 안병무의 신학 강의는 당시 한국신학대학의 동료 교수였던 김정준, 전경연, 박봉랑, 문동환과 함께 학생들

수유동 자택 잔디밭에서
사색에 잠겨있는 안병무.

의 신학적 사고의 폭을 넓혀주고 그 깊이를 더해 주는 데 결정적인 역할을 했다. 안병무의 강의는 언제나 명쾌했고 유머가 넘쳤으며 활력이 있고 진지했다. 강의 시간은 열띤 토론으로 항상 활기가 넘쳤다. 그는 주입식 강의를 피하고, 언제나 학생들에게 질문을 던져 토론 중심의 생동감 넘치는 강의실 분위기를 조성하였다.

교수와 학생이 함께 한 신앙수련회 때 일이다. 안병무 교수는 김정준 학장에게 몰래 다가가서 그의 등 뒤에다가 '애인 구함'이라고 쓴 종이를 붙여놓고는 유유히 돌아와 제자리에 앉았다. 그리고 여학생들에게 천연덕스럽게 말했다. "애들아, 김정준 학장께서 애인을 구하고 계신단다. 어서들 가봐라." 그 말에 모두 박장대소하고 웃었다. 안병무는 이런 식으로 학생과 교수 사이에 장벽을 없애려고 노력하였다.

전태일 분신 사건과 예수 십자가 처형 사건

1970년 11월 13일에 청계천에서 피복 노동자로 일하던 전태일이 분신(焚身)하는 사건이 발생했다.[13] 전태일은 그의 동

---

13) 전태일의 분신 사건은 전태일 개인의 사건이기에 앞서 당시 한국 사회의 모순이 응집되어 폭발한 하나의 민중 사건이었다. 이 사건

료 가운데 한 사람이 과로와 열악한 노동조건으로 인하여 피를 토하여 쓰러지자 청계천 피복 노동자의 현실을 각계각층의 사람들에게 호소했다. 그러나 어느 누구도 그의 호소에 귀를 기울이지 않았다. 전태일은 노동자들의 비참한 현실을 고발하기 위해서 동분서주했으나 해결책을 찾지 못하였고, 자기 몸을 불태워 노동 현장의 불의를 고발하는 길밖에 없었다. 결국 전태일은 동료 노동자들과 함께 '우리는 기계가 아니다'라는 현수막을 들고 청계천에서 가두시위를 벌이다가 분신했다. 전태일 분신 사건은 세상을 깜짝 놀라게 했고, 10여 년에 걸쳐 시행된 경제개발 정책의 결과로 나타난 한국 사회 전반에 걸친 모순들이 일시에 폭발하는 기폭제가 되었다. 이 사건으로 인하여 한국 지성 사회는 경제개발의 주역이면서 동시에 그 혜택으로부터 배제당한 소외된 노동자들의 비참한 현실에 대해서 새로운 인식을 갖게 되었다. 한국 교회 또한 깊은 잠에서 깨어나게 했다. 이 사건은 특히 기독교 진보 진영의 지식인들과 학생들에게 예수를 믿는다는 것 그리고 신앙을 갖는다는 것이 도대체 무엇을 뜻하는지를 다시 묻게 했고, 기독교인의 사회적 책임을 진지하게 생각하게 하였다. 전태일의 죽음은 기독교 복음이 과연 오늘날 한국의 고난 받는 민중들

을 계기로 노동자와 농민, 도시 빈민들의 생존권을 위한 투쟁이 전국적으로 확산되었다.

에게 어떤 의미를 주는지 돌아보게 했던 것이다.

전태일 사건을 목격하면서 안병무는 한국 기독교인의 한 사람으로서 그리고 신학자의 한 사람으로서 큰 충격을 받았던 것 같다. 열악한 노동 조건 속에서 폐병에 걸려 죽어 가는 이웃 노동자의 아픔을 자신의 아픔으로 느끼면서 괴로워했던 전태일, 불의와 구조악에 항거하기 위해서 자기 몸을 불태웠던 전태일. 그의 분신 사건 속에서 안병무는 성서가 증언하고 있는 예수 사건이 현재화하고 있음을 보았다. 자기가 당하는 고통을 개인의 문제로 한정시키지 않고 근로자 전체의 문제로 승화시킨 전태일의 자기희생에서 안병무는 타자를 구원하는 민중적 메시아의 또 다른 모습을 찾게 되었다. 예수의 십자가 처형 사건이 2천 년 전에 벌어졌던 일회적인 사건이 아니라 지금도 고난 가운데 있는 한국 민중의 역사 현장 한복판에서 계속되고 있는 현재진행형의 사건으로 보았던 것이다.

전태일 사건은 안병무의 삶과 신학을 실존주의에서 민중신학으로 전향하게 하는 결정적인 요인으로 작용했다. 그 후 안병무는 청계천 평화시장을 위시하여 노동자들이 겪고 있는 고난의 현장을 자주 찾아갔다. 그리고 오늘의 민중 사건을 신학적으로 증언하는 일을 그에게 주어진 신학적 사명의 하나로 삼았다.

이와 함께 안병무는 서구에서 배운 부르주아 중심의 신학을 비판적인 시각에서 보기 시작했다. 독일을 비롯한 제1세계의 서구 정통주의 신학이 한국을 비롯한 독재정권 하에서 고통을 당하고 있는 제3세계 민중들에게 과연 무슨 의미가 있는가? 서구의 실존주의 신학이 한국 민중들이 겪고 있는 구조적인 고난의 현실을 개선시키고 변혁시키는 데 과연 어떤 역할을 할 수 있는가? 안병무가 내린 결론은 이러한 질문 앞에서 서구 부르주아 신학은 아무런 해답도 줄 수 없다는 것이었다. 제3세계의 피압박 민중의 상황에서 안병무는 새로운 신학적인 물음과 그 해답을 모색하기 시작했다.

독재정권에 항거 표시로 삭발하다

1973년 11월, 군사정권은 민주회복을 위한 반정부 학생운동에 가담한 학생들을 제적시키지 않으면 한국신학대학 교수들을 해임하겠다고 협박했다. 이에 항거하여 김정준 학장은 예배 설교 중에 날카로운 면도칼로 예배실 강단에 있던 교기(校旗)를 위에서 아래로 찢어 두 조각으로 만들었다. 독재정권에 의해 하나님의 모형에 따라 지음받은 인간의 존엄성이 말살되었음을 상징적으로 표현한 예언자적 행동이었다.

예배 후에는 안병무의 제안으로 모든 교수와 학생들이 운동장에서 비감한 심정으로 삭발을 단행하였다. 흰 고무신을 신고 흰 수염과 흰 도포자락을 펄럭이며 『논어』를 강의하던 함석헌도 그날 예배 설교 차 왔다가 삭발에 참여했다. 이어서 교수들과 학생들은 조를 짜서 채플실에 밤낮으로 촛불을 켜 놓고 40일 동안 릴레이 기도회를 갖기로 했다. 조국의 민주화와 인권 회복을 위한 기도회였다. 이와 함께 학생들은 나흘간 단식을 하기도 했다. 마지막 날 성만찬을 기념하는 행사에서 교수들은 예수께서 제자들의 발을 씻기듯, 학생들의 발을 씻기고 일일이 수건으로 닦아주었다. 교수와 학생들은 서로 껴안고 울었다. 이러한 상징적인 행동들을 통해서 한국신학대학의 교수와 학생들의 일체감이 강화되었다. '우리는 한신 가족, 좋다 좋아. 함께 죽고 함께 살자. 좋다 좋아. 무릎을 꿇고 사느니보다 서서 죽기를 원한다. 우리는 모두 한신 가족!' 이라는 당시 학생시위 구호에서 알 수 있듯이, 교수와 학생들은 끈끈한 공동체 의식으로 무장되었다.

당시 교무과장이었던 안병무는 신학생들의 의식(意識)을 확장시키고 사회를 보는 안목을 터주기 위하여 다양한 커리큘럼을 마련하였다. 이를 테면 '기독교와 공산주의'라는 과목이 그 하나다. 이 과목은 수도권 특수선교를 주도한 박형규 목사가 가르쳤다. 박형규 목사는 이 과목이 화근이 되어 반공법 위반혐의로 수도권선교위원회 빈민지역 선교활동가들과 함께 서울 시경 대공분실에서 조사를 받기도 했다. 수사팀은 강의를 들은 학생들의 공책을 수거하여 박형규 목사가 수업 중에 불온한 것을 가르쳤는지를 면밀히 조사하였다.

안병무는 신학생들에게 타종교에 대한 식견을 넓혀주기 위하여 매주 특별 강좌를 개설하였다. 서경보 스님을 초청하여 참선 수행법을 학생들에게 가르쳤고, 동국대학교 이기영 박사를 초청해 '대승기신론' 등 불교의 핵심 교리를 가르치며 타종교와의 대화에도 힘썼다. 그는 매 학기 함석헌을 초청하여 『논어』와 맹자, 노자 등 동양 사상을 학생들에게 가르치는 데도 관심을 쏟았다.

민중의 눈으로 성서 읽기

전태일 사선을 경험한 이후 안병무는 지식인들의 실존적 고뇌가 아니라, 한국 민중이 처한 고난의 현실을 신학의 장(場)으로 삼았다. 과연 한국 민중의 고난의 현실에서 신학을 한다는 것이 무엇을 뜻하는가? 당시 한국신학대학 학생들은 교수들의 지도하에 학기마다 사회에서 소외된 지역 민중의 현장을 체험하는 프로그램을 실시했다. 청계천 5가의 영세 피복공장, 서울역 부근의 창녀촌, 월곡동 달동네, 성남의 빈민촌, 인천과 안양 등지의 공장 노동자들의 현장 체험 프로그램이 그것이다. 이러한 민중 체험 프로그램은 당시 수도권 지역에서 특수목회를 담당하던 박형규 목사를 비롯해서, 허병섭, 이규상, 김동완, 권호경, 김진홍, 이해학의 도움을 받아 진행되었다. 안병무는 그들의 도움으로 민중 현장을 방문하여 소외 계층의 처참한 현실을 눈으로 직접 확인할 수 있었다.

민중과의 만남을 계기로 안병무의 신학적 관심은 실존주의 신학에서 민중신학에로 점차적으로 바뀌게 되었다. 그가 고민하던 신학의 주제가 실존, 불안, 결단, 개방성 등에서 고난, 구조악, 해방 등으로 바뀐 것이다. 한국 사회의 민중 경험을 통해 안병무는 성서에 등장하는 예수의 민중을 새롭게 만나고, 고난 받는 '민중의 눈'으로 성서를 새롭게 읽기 시작하였다. 오늘의 민중에 관해 눈을 떴고, 이를 계기로 성서의 민중을 발견하게 된 것이다.

30년경 갈릴래아의 예수에 의해 시작된 하나님 나라운동은 신약성서의 사복음서에서 볼 수 있듯이, 본래 '가난한 사람들에 의한(by the poor)', '가난한 사람들을 위한(for the poor)',

‘가난한 사람들의(of the poor)’ 운동으로 출발하였다. 기독교 복음의 원형은 가난한 사람들의 희망과 연결되어 있었다. 기독교는 예수를 하나님의 아들, 즉 구세주로 신봉하는 종교이다. 그런데 그 예수는 로마 총독 빌라도에 의해서 정치범으로 십자가에서 처형되었다. 예수 메시아 신앙으로 인하여 초창기 기독교인들은 로마 정부에 의해 엄청난 박해를 받지 않을 수 없었다. 기독교는 로마법에 의해 ‘불법적인 종교(religio illicita)’로 인정되어 금지되었다. 유대교로부터 이단 취급을 받았고, 로마의 황제숭배를 거부하고 십자가에서 처형된 예수를 숭배한 것이 주요인이었다. 기독교는 250여 년의 기나긴 박해 시대가 끝난 313년에 비로소 로마의 황제 콘스탄티누스에 의해서 ‘합법적 종교(religio licita)’로 공인(公認)되었고, 392년에는 황제 테오도시우스에 의해서 로마제국의 국교가 되어 황제종교로 바뀌게 되었다. 기독교는 로마황제의 종교가 되면서부터 지배 계층의 이익을 대변하는 종교로 탈바꿈하게 되었고 권력의 자리에 앉게 되었다. 이러한 과정에서 기독교는 복음의 본래 모습인 가난한 사람들을 위한 복음의 정체성을 잃게 되었다.

민중 현실에 눈을 뜨게 된 안병무는 성서를 민중의 눈으로 읽게 되었고, 그 결과 전에는 보이지 않던 수많은 소외된 민중을 성서에서 만나게 되었다. 그는 특히 「마가복음」이 전해

주는 예수 이야기에 주목했다. 마가의 예수 이야기들은 놀랍
게도 그 당시 사회에서 소외된 사람들의 고난의 현실과 예수
를 만나 그들이 희망을 갖게 되는 내용을 담고 있었다.

「마가복음」에는 '오클로스(ochlos)'라는 단어가 36번이나 나
오는데, 개역성경에서 '무리'로 번역된 '오클로스'는 예수의
하나님 나라 선교의 주 대상이었다. 경제적으로 가난하고 헐
벗고 굶주린 사람들, 정치적으로 억눌린 사람들, 육체적으로
불편한 지체 장애인들, 기타 질병이나 정신병으로 고생하는
장애인들, 세리나 창녀들, 사회에서 소외된 사람들을 통틀어
'오클로스'라고 불렀다. 사회 어디에서도 희망을 찾을 수 없
는 소외된 민중인 '오클로스'의 희망 이야기들이 「마가복음」
에 자주 등장한다. 안병무의 민중신학 이야기에 대해서는 다
음에 거론할 기회가 있을 것이다.

몰트만 교수와의 신학 논쟁

1975년 3월에 출간된 『희망의 신학 *Theologie der Hoffnung*』을
통해 세계적인 명성을 떨치고 있던 독일 튀빙겐 대학의 교수
몰트만(J. Moltmann)이 연세대학교의 초청으로 한국을 방문했
다. 그는 한국신학대학에서도 '민중의 희망 속에 있는 한국 교

회'라는 제목으로 강연을 했다. 이 강연에서 몰트만은 2차세계대전 당시에 폴란드에서 겪은 3년 동안의 포로 생활을 소개하면서, 전태일 사건을 비롯한 한국 민중의 고난과 희망을 역사적 예수의 십자가와 부활의 빛에서 해석하여 청중에게 큰 감명을 주었다.

강연이 끝나고 몰트만과 안병무는 첫 대면을 가졌고 많은 대화를 나누었다. 그 후로 두 사람은 에큐메니컬 지평에서 신학자로서의 교제를 지속했다. 몰트만은 군사독재하에서 억압당한 민중 편에 서서 인권과 민주 회복을 위하여 힘쓰는 한국 교회의 민중 선교에 관심을 가지고 있었다. 그는 당시 민중신학을 주도하던 서남동, 현영학, 김용복, 서광선 등과도 교제를 나누면서 그들이 쓴 민중신학에 관한 논문들을 독일어로 번역해 세계 신학계에 민중신학을 소개하는 일에 힘썼다. 안병무와의 만남을 몰트만은 다음과 같이 회고했다. "안병무 교수와 나는 빠른 시일 내에 서로를 깊이 이해하게 되었다. 그 후로 한국을 방문할 때마다 나는 그를 찾아갔다. 귄터 바움(G. Baum)과 함께 나는 1984년에 한국 민중신학자들의 논문들을 모아서『민중, 한국에 있는 하나님의 백성의 신학』이란 제목으로 책을 편집하여 (독일어로) 출판하였다."14)

특히 몰트만은 안병무가 「마가복음」에서 '오클로스'를 발견하고, 민중을 신학의 주요 주제 가운데 하나로 환기시킨 것을 높이 평가했다. 해방신학에 관심이 컸던 몰트만은 두 신학의 유사성을 발견하고, 민중신학을 남미 해방신학의 지평에서 재해석하기도 했다. 그러나 몰트만은 안병무의 성서해석 방법론에 공감하면서도 그와의 차이점을 분명히 하려 했다. 그 가운데 하나가 안병무의 민중 구원론에 대한 그의 비판이다.

안병무는 민중 구원론을 주창했다. 「요한복음」에는 예수를 세상 죄를 지고 가는 하나님의 어린양이라고 했다. 이와 같이 오늘의 죄를 지고 가는 하나님의 어린양이 다름 아닌 민중이다. 따라서 우리는 어떤 형식으로든지 민중의 수난에 참여함으로써 구원받을 수 있다는 것이 민중 구원론의 주 내용이다. 민중의 부름은 곧 메시아의 부름이 되고, 이 부름에 응답하는 실천을 통해서 해방을 경험한 사람이 메시아적 구원을 경험하게 된다. 안병무는 오늘의 민중 사건 속에서 현존의 그리스도를 보았다.

몰트만은 이러한 안병무의 민중 구원론에 이의를 제기했다.

---

14) 출처: http://sgti.kehc.org/data/person/moltmann/17.htm.

만약 민중이 자신들의 고난을 통해서 세상을 구원할 수 있다면, 민중은 과연 누가 구원하는가? 안병무가 주장하듯 민중이 스스로를 구원한다면, 민중에게는 다른 구원자는 필요하지 않게 될 것이다. 다시 말해 안병무의 민중 구원론은 민중을 우상화할 여지가 있었다. 몰트만은 바로 이 점을 경계했다. 몰트만은 다음과 같은 점을 분명히 했다. "민중의 구원은 하나님의 선택적 사항이지, 결코 민중 자신의 선택 사항이 아니다!"15) 구원의 주체로서의 예수 그리스도를 안병무가 놓아버렸다면, 몰트만은 이를 끝까지 붙들고 있음을 볼 수 있다.

그럼에도 불구하고 민중신학에 대한 몰트만의 관심은 각별했다. (그가 편집하고 직접 서문을 쓴) 1984년에 독일어로 출간된 『민중, 한국에 있는 하나님의 백성의 신학 *Minjung. Theologie des Volkes Gottes in Südkorea*』은 독일 신학계에 한국 신학을 소개하는 데 적지 않은 공헌을 했다. 이 책에는 안병무, 서남동, 현영학, 김용복 등이 쓴 민중신학에 관한 주요 논문들이 실려 있다. 필자의 기억으로는 함부르크 대학, 하이델베르크 대학, 프랑크푸르트 대학, 괴팅겐 대학을 비롯한 상당수의 독일의 신학대학에서 이 책을 교재로 민중신학 세미나를 개최했었다.

---

15) 몰트만, 「민중의 투쟁 속에 있는 희망」, 「안병무와의 우정 속에서」, 『갈릴래아의 예수와 안병무』, 한국신학연구소, 1998, 137쪽.

한국신학연구소를 설립하다

한국 신학계가 학문적인 기반이 취약하고 세계 신학계와의
교류가 미약함을 인식한 안병무는 1969년부터 신학연구소를
설립하기 위한 계획을 세워나갔다. 이 뜻은 독일 교회 '동아시
아 선교국(Ost Asia Mission)' 책임자였던 한(F. Hahn)교수의
지원과 재정적인 도움을 통해 1973년에 <한국신학연구소>
설립으로 결실을 맺게 되었다. 이 연구소는 계간으로 『신학사
상』을 출간하고, 외국의 전문적인 신학 서적을 번역·출간하여
유럽을 중심으로 한 세계 신학의 흐름을 한국에 소개하는 데
에 앞장섰다. 또한 신학과 사회과학의 학문적인 대화를 시도
하여 신학의 학문적인 넓이를 확대하는 데에 기여하였다. 평
신도 신학 강좌를 정기적으로
개설해 신학의 대중화 운동에도
앞장섰다. 또한 한국신학연구소
는 한반도의 평화통일을 위한
이데올로기를 비판적으로 소개
하고 한국 신학, 특히 민중신학
을 위한 장(場)을 마련하기도 했
다.16) 이곳에서 번역하여 출간한
『국제성서 주석』 시리즈는 한국

한국신학연구소 집무실에서의
안병무 소장.

신학계에 서구 신학을 소개하는 데에 결정적인 공헌을 하였다. 독일과 영미 신학계의 저명한 신학자들이 쓴 성서주석서 중에서 엄선하여 신·구약성서 66권 전권을 번역 출간한『국제성서 주석』은 한국 신학계의 학문적 발전에 크게 기여했다. 이것은 하나의 기념비적인 작업이었다.

한국신학연구소의 설립과 1970~80년대에 이곳에서 이루어진 의욕적인 출판 활동은 한국 신학계와 교계의 학문적 수준을 끌어올리는 데에 결정적인 역할을 했다. 한국신학연구소는 계간지『신학사상』을 비롯해 4백여 종에 이르는 신학 전문서적을 발행하여 한국 교회에 소개하였다. 한국신학연구소의 사업 가운데 신학자 양성을 빼놓을 수 없다. 현재 한국 신학계에서 활동하고 있는 손규태(성공회대), 임태수(호서대), 김명수(경성대), 박재순(성공회대), 황정욱(한신대), 강원돈(배재대), 김흥수(목원대), 이선희(목원대), 박경미(이화여대), 박성준(성공회대), 황현숙(협성대), 이정희(성공회대), 김판임(세종대)은

---

16) 한국신학연구소에서는 민중신학자들과 민중운동의 현장에서 활동하는 사람들이 매달마다 정기적인 모임을 가졌다. 이곳에서 발표하고 토론한 논문들을 다듬어서 민중신학의 기초를 형성했다고 해도 과언이 아니다. 이 모임에 학문 분야에서는 안병무, 서남동, 현영학, 김용복, 서광선, 한완상 등이, 수도권 특수지역 목회 현장 분야에서는 허병섭 등이 참여했다. 독일 신학자 몰트만과 대만 신학자 송(C. S. Song)도 가끔 참여했다.

한국신학연구소 출신 신학자들이다. 안병무는 이들이 주로 독일, 미국, 국내 등지에서 공부할 수 있도록 주선하였다.

　연구소 직원들과 야유회를 가거나 점심식사를 하러 간 자리에서 안병무는 한국 민중의 한이 담긴 노래「한 오백년」을 즐겨 불렀다고 한다. 매사에 "예"와 "아니오"가 분명했고, 결벽에 가까울 정도로 자기 자신에게 엄격했다. 직원에게 한번 일을 맡기면 그의 자율적인 판단과 처리를 끝까지 지켜보며 결코 간섭하지 않았다. 엄격하면서도 정이 많았고, 좋으면서도 어려웠다. 자기 소신이 분명하면서도 자기와 다른 의견을 존중할 줄 알았다.

'3·1 민주구국선언문' 사건과 투옥

　1975년 봄 학기는 계속되는 학생들의 반정부 시위로 강의를 진행할 수 없는 분위기였다. 그 해 6월에 안병무는 문동환과 함께 한국신학대학에서 해직을 당했다. 독재정권 타도, 민주화와 인권 회복을 위한 한국신학대학 학생운동의 배후 조종인물이라는 이유였다. 당시 군사정권은 이들 외에도 서울대의 한완상, 연세대의 김찬국, 서남동, 고려대의 이문영, 이화여대의 현영학 교수 등을 해직시켰다. 안병무는 1980년 또 한 차례 한신대학교 교수직에서 해직되었다.

필자는 당시 안병무의 마지막 강의를 잊을 수가 없다. 해직되어 강의를 할 수 없게 되자, 한 학기 강의를 1주일 동안 몰아서 했다. 당시 그의 강의를 듣기 위해 청강생들까지 몰려와 강의실은 학생들로 가득했다. 안병무의 열강에 학생들은 빨려 들어갔다. 「요한복음」을 강의했던 것으로 기억된다. 초대 교회 공동체는 선과 악, 그리고 하나님의 통치와 세상 왕의 통치라는 이원적인 현실 구조 속에서 신앙고백의 삶을 살아야 했으나, 이들은 현실과 타협하지 않은 채 선과 하나님의 통치에 의지하였고, 악과 세상 왕의 통치에 대해서는 대항하여 투쟁했다는 내용이었다. 초대 교회공동체처럼 오늘날의 기독교도 이런 각오와 자세를 잃지 않고 신앙 생활을 해야 한다는 것이었다.

교수직을 박탈당한 그는 이제는 오히려 '거리의 신학자'로 민중의 고난에 더욱 가까이 갈 수 있었고, 민중 사건을 증언하는 데 집중할 수 있었다. 해직된 후 안병무는 독재정권에 의해 해직된 교수들(문익환, 문동환, 이문영, 서남동, 김찬국, 이우정, 한완상, 이해동 등)을 중심으로 갈릴리교회를 세웠다. 예수의 하나님 나라 선교 현장인 갈릴리(갈릴래아)야말로 유대 민중의 고난과 희망의 고향이었기 때문이다.

당시 모든 언론이 군사정권의 검열을 받았기에 민중은 바른 정보를 얻을 수 없었다. 이에 비해 갈릴리교회 성도들은 유비통신(유언비어로 전달되는 뉴스)으로 정보를 공유했다. 안병무의 대표적인 논문 가운데 하나인「예수 사건의 전승모체」[17]는 바로 갈릴리교회의 선교 현실을 반영하고 있다. 이 논문에 따르면 예수는 로마의 식민지 지배에 반대한 정치범으로서 십자가에 처형되었다. 민중은 이 사건을 분명히 목격하였으나, 당시의 정치적인 상황으로 인해 이를 공개적으로 전할 수 없었다. 그래서 예수 사건의 목격자들인 민중은 이를 유언비어(流言蜚語) 형태로 전하게 된다는 것이다. 이 논문에 따르면「마가복음」을 기록한 기자는 바로 유언비어의 형태로 전승된 예수 사건 이야기들을 수집하고 채록(採錄)하여 복음서를 기록했다. 하지만 불행히도 교회의 지도층은 로마와의 갈등을 최소화하고 교권을 확립하기 위해 예수 사건에서 정치적인 색채들을 지워버렸다. 다시 말해 그들은 예수의 신성에 초점을 맞춘 채 예수가 전지전능한 하나님의 아들이라는 것과, 그의 십자가 죽음은 역사적인 불의(不義)의 결과가 아니라 인류를 위한 하나님의 구원 사건으로 해석했던 것이다. 초대 교회 지도자들 또한 예수 사건의 사회·정치적인 차원을

---

17)『신학사상』 47호, 1984 겨울호 참조.

배제시키고, 단지 그것을 하나의 초역사적이고 신화적인 사건으로 전했다는 것이다.

이러한 안병무의 유언비어 신학은 그가 경험했던 군사정권 시절의 사회적 정황을 반영하고 있다. 군사정권의 폭정 아래서 한국의 민중은 눈이 있어도 보지 못하였고 귀가 있어도 듣지 못했다. 당시에 한국 사회에서 터지는 민중 사건들은 군사정권의 탄압에 의해서 은폐되었고 공개적으로 신문지상에 게재될 수 없었다. 그 사건들은 사람들의 입에서 입으로, 오로지 유언비어 형태로 전해졌다. 유비방송의 센터 역할을 한 곳이 바로 갈릴리교회였다. 한국 사회에서 일어나는 민중 사건들에 관한 정보들을 바르고 빠르게 입수하기 위해서는 갈릴리교회를 다니는 것이 유리했다. 갈릴리교회의 예배 처소는 한 곳으로 정하지 않고 기관원들의 눈을 피하기 위하여 매주 바뀌었다. 갈릴리교회는 당시 인권 회복과 민주화를 위한 기독교 지식인 운동의 산실(産室)이 되었다.

1976년 한국기독교장로회 총회 석상에서 안병무는 시대적 격변기에 유연하게 대응할 수 있는 선교기관이 무엇보다도 필요함을 역설했다. 그 결과로 '선교교육원'이 설립되었다. 목사들은 4년 동안의 신학교 교육만으로는 급변하는 시대에 맞추어 목회를 할 수 없다고 판단했기 때문이다. 선교교육원 프로그램 중에는 민주화 학생운동을 하다가 제적을 당한 학생들에게 신학공부를 시키는 방안도 포함되어 있었다. 안병무가 제안한 이 프로그램은 국내외에서 많은 호응을 얻었다. 세계교회협의회(WCC)를 비롯하여 독일 교회는 이 프로그램을 위해 재정적인 지원을 아끼지 않았다.

1976년 3월 1일 오후 6시, 서울 명동성당에서는 3·1절 기념미사가 열렸다. 장덕필 신부가 사회를 보고 천주교 정의구현사제단 김승훈 신부가 강론을 했다. 미사가 끝난 후 그 자리에서 가톨릭 신부와 개신교 목사들의 합동 기도회가 열렸다. 정치인으로는 윤보선, 김대중, 정일형이 참석했고, 가톨릭 측에서는 김승훈, 함세웅, 문정현, 신현봉, 장덕필, 김택암, 안충석이 참석했다. 개신교 측에서는 함석헌, 문익환, 문동환, 윤반웅, 서남동, 이해동이 참석했고, 해직교수 측으로는 이문영, 안병무, 이우정이 참여했다. 이때 이우정이 '3.1 민주구국선언문'을 낭독하였는데, 민주주의 회복, 민중의 생존권 보장과 경제적 평등, 민족의 평화통일이 주 내용이었다. 이 일로 선언문에 서명했던 문익환을 비롯한 20명의 인사들이 체포되어 서대문 구치소에 투옥되었다. 군사정권은 이 선언문 발표를 종교의 자유를 악용한 정치활동으로서 '일부 재야인사들의 정부 전복 선동 사건'으로 규정하고 긴급조치 9호 위반으로 입건했던 것이다. 1심 재판에서 김대중은 8년형을 그리고 안병무는 3년형을 선고받았다.

항소심에서 안병무는 다른 동료들에 비해서 비교적 가벼운 형(刑)을 선고받았다. 안병무의 최후 진술을 보면 그는 이를 탐탁지 않게 여겼던 것 같다. "나는 금메달을 기대했는데, 겨우 동메달을 주느냐?" 1년 반 후인 1977년 8월에 그는 집행유예로 석방되었다. 그의 석방을 축하하는 강연회에서 안병무는 감옥에서의 경험을 다음과 같은 한 토막으로 소개한 적이 있다.

> 감옥에 들어간 첫 날 저녁, 몹시 춥고 배도 고팠다. 내가 감옥에 들어왔구나 하는 생각 이전에 내 몸이 먼저 감옥살이에 대해 반응을 한 것이다. 그런데 한 죄수가 간수 몰래 내 감방 앞으로 다가와서 '이것 잡수세요' 했다. 보니 빵이었다. 순간 주님이 죄수를 통해 나에게 성찬을 베푸시는구나 하는 생각에 감격하며 무릎을 꿇고 두 손으로 그 빵을 받았다. 나중에 알고 보니 그 죄수는 강도범이라고 했다.

모든 것이 낯선 감방에서 추위와 배고픔에 떨고 있는 안병무에게 이름도 모르는 죄수가 빵 한 조각을 준 것이다. 안병무는 죄수의 손을 통해서 성만찬을 베푸는 예수, 아니 죄수로 화신(化身)하여 그에게 성만찬을 베풀고 있는 '현존(現存)의 그리스도'를 만난 느낌이었을 것이다. 옥고를 치루는 동안 그는 감옥에서 만난 사회의 밑바닥 인생들을 통해 민중을 새롭게 경험할 수 있었을 것이다. 예수는 어찌하여 인간 취급도 받지 못하던 죄인, 창녀, 세리의 친구가 되었을까? 비록 짧은 기간이지만, 안병무는 수감 생활을 통해 지금까지 개인의 실존적인 차원에서 생각해 왔던 죄와 악에 대한 사회구조적 차원, 곧 구조악의 문제를 새롭게 인식하게 되었다.

감옥에서 협심증을 얻은 안병무는 출옥한 후 신병 치료에 신경을 써야 했다. 그러나 그에게는 질병 치료보다 감옥에 남아 있는 동지들을 석방시키는 일이 우선이었다. 안병무는 자신이 먼저 석방된 것에 대한 미안함과 추운 감옥에서 떨고 있을 동지들에 대한 연민이 남달랐다. 1977년 말에 안병무는 박형규를 찾아가 동지들을 석방시킬 방법을 논의하려 했으나, 동지들이 감옥에 있는 것이 민주화 운동에 오히려 도움이 된다는 다소 냉정한 대답만 들었다고 한다. 그러나 박형규는 후에 마음을 바꿔 안병무의 생각에 공감해 그들의 석방을 위해 앞장섰다.

박형규와 안병무는 개신교와 가톨릭 원로들을 만나 동지들의 석방을 위해 도움을 줄 것을 부탁하였다. 안병무는 윤보선, 함석헌 그리고 가톨릭의 김수환 추기경을 찾아가 설득했다. 박형규는 지학순 주교 한 사람으로 족하다고 했으나, 안병무는 굳이 김수환 추기경을 만나기 위해 추기경 공관을 찾아갔다. 그는 비서실 창구에서 한 시간을 기다린 끝에 추기경을 만났다. 그러나 추기경은 몇 가지 이유를 들어 그의 부탁을 정중하게 거절했다.

1977년의 가을에 윤반웅, 신현봉, 함세웅, 김대중이 석방되었다. 그러나 감옥에 남아있는 동지들이 여전히 있었다. 문익환, 문동환, 서남동, 이문영, 문정현이 그들이었다. 그해 성탄절 직후에 안병무는 함석헌, 지학순, 이우정, 박형규와 함께 감옥에 남아있는 동지들의 조속한 석방을 위해서 중앙정보부장인 김재규를 만났다. 김재규는 진한 감색 양복에 유난히 번쩍이는 구두를 신고 있었는데, 두 다리를 나란히 하고 무릎 위에 두 손을 얹은 채 방문객을 향하여 얼굴 한번 돌리지도 않았다고 한다. 찾아온 손님들에게 악수를 청하거나 찾아온 용건을 묻지도 않고 자리에 앉아 "모두가 나라를 위해서 고생을 한다"는 한 마디만 했다고 한다. 안병무가 먼저 입을 떼어 조속한 시일 내에 3·1 사건 구속자의 조속한 석방을 요구하자, 김재규는 대통령께 건의를 해 보겠으나 아마도 각서를 써야 할 것이라고 말했다. 하지만 안병무는 양심과 신념으로 옥고를 치르고 있는 사람들이기에 양심에 거슬리는 각서는 쓰지 않을 것이라면서 각서 없이 석방할 것을 요구하였다. 그러자 중앙정보부장은 한 발 물러서서 그렇다면 서로가 받아들일 수 있는 각서를 함께 작성하자는 타협안을 제시했다. 일행은 그의 타협안을 그 자리에서 수락했고, 그렇게 문안이 작성되자 박형규와 이우정은 교도소를 돌아다니며 설득 작업을 했다. 안병무는 협심증이 악화되어 그들과 동행하지 못함을 아쉬워했다.

박형규 일행은 문동환(청주교도소), 문정현(전주교도소), 문익환(김해교도소), 서남동(마산교도소), 이문영(여수교도소)을 차례로 방문했다. 문동환은 얘기를 다 듣고 나서 두 말 하지 않고 각서에 서명했다. 문정현은 문안에다 자기 말 몇 마디를 덧붙인 것이 문제가 되어 나중에 다시 서명을 받아야 했다. 문익환은 일행에게 수고한다면서 각서를 정성스럽게 받아쓰였다. 문제는 마산교도소에서 생겼다. 서남동은 수감 생활에 잘 적응하고 있었다. 박형규가 사정 이야기를 하자, 그는 형기도 얼마 남지 않았고 감옥에서 조용히 공부 좀 하고 나가겠다는데 왜 일찍 나오라고 하느냐고 역정을 내었다. 아무리 설득을 해도 막무가내였다. 이우정은 눈물을 흘리면서 애원했다. 날이 저물어가기 시작했다. 이때 박형규는 비장의 무기를 꺼내

들었다. 바로 서남동의 자존심을 건드리는 일이었다. 박형규는 정색을 하더니 음성을 높이면서 소리쳤다. "당신, 정말 각서를 안 쓰고 혼자 영웅이 되고 싶어서 그러는 거 아니요?" 박형규는 이 말을 하면서 마음속으로 울었다고 한다. 서남동은 친구의 그런 모습을 보고 미안하다면서 두 말하지 않고 각서를 썼다. 마지막으로 여수교도소에 도착했다. 이문영은 일행의 수고를 고마워하면서 격려해 주었다. 이렇게 해서 3·1민주구국선언 사건의 남은 구속자들이 1977년 12월 31일에 모두 석방될 수 있었다. 석방을 주도한 안병무의 진한 동지애와 휴머니즘을 읽을 수 있는 부분이다.

동료들의 출옥을 환영하기 위한 강연회가 새문안교회에서 열렸는데, 안병무는 이 자리에서 '민족, 민주, 민중'이란 주제로 강연하면서 한국의 민중신학이란 말을 처음 소개했다. "진정한 신학은 삶의 현장에서 억압받는 민중과 함께 고민하는 것이어야 합니다. 나라마다 역사가 다르듯 신학도 나라마다 달라야 합니다. 우리는 우리의 신학이 필요합니다. 우리의 신학은 민중신학입니다." 출옥 후 안병무의 삶은 민중의 눈으로 성서를 읽고 민중의 입으로 구원을 말하는 실천적 신학으로 일관했다. 이 시기에 기존 신학의 패러다임을 180도 뒤바꾼 한국의 민중신학이 탄생하게 되었던 것이다.

1976년 8월에 안병무가 원장으로 있던 선교교육원에서 평
신도 지도자 훈련으로 한국기독교장로회 청년대회를 목포 해
양대학에서 개최하였다. 안병무가 서대문구치소에 있을 때였
다. 청년대회 프로그램 중에 애찬식 순서가 있었다. 이때 일
반적으로 교회에서 사용하는 포도주와 빵 대신에 막걸리와
떡으로 애찬식을 거행했다. 이 애찬식 사건은 전국 교계의 파
문을 일으켰고, 그 해 9월에 개최된 기장 총회에 정식 안건으
로 상정되었다. 전국에서 올라온 총회의 총대(총회 대의원)들
은 단단히 벼르고 있었다. 총회 석상에서 이 문제가 상정되자
설전(舌戰)이 오고 갔다. 총대들은 막걸리로 성찬을 거행한
선교교육원을 향해 맹공을 퍼부었다. 회의 분위기는 험악해졌
다. 바로 그 때에 회장을 향해 발언권을 달라고 소리를 지르
며 단상으로 나오는 사람이 있었다. 바로 며칠 전에 출옥한
안병무였다. 단상에 오른 안병무는 석방 인사와 함께 감옥에
있을 때에 총회 차원에서 자신을 지원해 준 것에 감사하다는
인사말로 발언을 시작했다. 이어서 그는 목포 청년대회의 '막
걸리 애찬식 사건'은 사전에 감옥에서 그 프로그램에 대해 상
세하게 보도를 받았을 뿐만 아니라, 원장이 승인해 진행한 일
이라고 당당하게 말했다. 사실 안병무는 '막걸리 애찬식 사건'
에 대해서 아무것도 아는 바가 없었다. 거짓말 아닌 거짓말을
한 것이다. 안병무는 문제가 있다면 애찬식을 진행한 사람들

이 아니라, 그것을 허락한 원장인 자기에게 있다면서, 자기의
허물을 질책해달라고 호소했다. 직원들을 보호하기 위한 안병
무의 당당하고 강력한 호소는 오히려 총회 임원들을 감동시
켰다. 또한 문제를 제기한 총대들의 마음을 돌려놓아 더 이상
문제 삼지 않게 했다.

1987년 1월 14일에 당시 서울대학교에 다니던 박종철이
치안본부 대공분실로 불법으로 연행되어 고문으로 변사(變死)
한 사건이 발생했다. 같은 해 5월에 천주교 정의구현사제단
소속인 김승훈 신부가 강론에서 박종철 고문치사 사건을 군
사정권이 왜곡하고 은폐하고 있다고 폭로하였다. 이 폭로를
계기로 서울에 있는 대학들을 비롯해 전국적으로 진상 규명
을 요구하는 시위가 불길처럼 타올랐다. 당시 한국신학연구소
는 고려대 근처인 안암동 로터리에 있었다. 박종철의 죽음에
항거하는 대학생들의 데모 행렬을 한참 동안 바라보던 안병
무는 그 자리에 함께 있던 서강대학교 정량모 신부에게 다음
과 같이 말했다고 한다. "정 신부님, 저기 보세요. 2천 년 전
예수의 부활 사건이 재현되고 있어요." 안병무는 예수의 부활
사건을 2천 년 전에 팔레스타인에서 일어난 일회적인 사건이
아니라, 시공을 초월하여 오늘의 민중 사건 속에서 되풀이되
는 현재진행형의 사건으로 보았던 것이다. 그는 전태일 사건,

박종철 사건, 이한열 사건 등 군사독재정권에 항거하여 투쟁하다가 장렬하게 희생당한 사람들 속에서 예수의 현존(現存)을 체험했던 것이다.

박종철 사건이 있고 얼마 후에 안병무는 정량모 신부와 함께 서초성당에서 신학 강연을 했다. 이 자리에서 안병무는 예수 이야기만 하고 한국 교회 이야기는 단 한 마디도 하지 않았다. 이에 정 신부가 이상히 여기면서 그에게 그 까닭을 물었다. 그러자 안병무는 단호한 표정을 지으면서 "저는 한국 교회에 철저히 절망했습니다. 한국 교회에 어떤 기대도 걸지 않은 지 오래입니다"라고 했다고 한다. 그는 개인 구원과 기복신앙의 깊은 잠에서 깨어나지 못한 채 기독교인의 사회적 책임을 외면하고 있는 한국 교회의 선교 양태에 크게 실망했던 것이다.[18]

한국 교회에 대한 사랑

안병무는 교회의 사회적 책임을 강조하는 등 민중신학의 초석을 놓았다. 하지만 한국 교회를 맹목적으로 비판하지는 않았다. 물론 말년에 안병무는 기독교라는 특정 종파와 교회

---

18) 정량모, 「안병무 선생을 기린다」, 『갈릴래아의 예수와 안병무』, 한국신학연구소, 1998, 235쪽.

의 테두리를 초월하여 자신의 종교적 사상의 폭을 자연과 우주 속으로 넓혀갔다. 그러나 그럼에도 불구하고 그가 평생 동안 한국 교회를 사랑했다는 사실을 잊어서는 안 될 것이다.

이미 앞에서 언급했지만, 청년 시절 안병무는 간도에서 교회를 개척하고 전도사 생활을 하면서 목회를 한 적이 있었다. 신학교육을 제대로 받지도 않았으며 교단으로부터 정식으로 전도사 자격증을 받지도 않은 상황이었지만, 안병무는 복음의 진리에 대한 열정과 감격으로 간도와 함경도 지방을 순회하면서 농촌마을의 가난한 민중을 대상으로 선교를 하였던 것이다. 이와 함께 그는 교회에서 주일학교와 야학을 운영하는 등 기독교 복음을 전파하는 동시에 민중 계몽운동을 전개하기도 했다. 장년 시절에는 평신도 공동체인 향린교회 설립에 온갖 정열을 다 쏟았으며, 노년에는 강남 향린교회와 한백교회를 설립하는 데 주도적인 역할을 했다. 그는 목사 안수를 거부하고 평생 평신도 기독교인의 한 사람으로 살았다.

강남 향린교회는 향린교회의 창립 40주년을 기념으로 분가(分家)하여 세운 교회이다. 향린교회를 창립할 당시부터 분가를 생각하고 있던 안병무의 꿈이 이루어진 것이다. 1950년대만 해도 한국 교회에서는 대형 교회를 찾을 수가 없었다. 그러나 이때에 이미 안병무는 성장 위주의 교회나 양적인 확장만을 목표로 삼은 교회의 폐단을 예견했다. 교회가 성장하면 대형 교회가 아닌 분가하는 방법으로 선교를 하는 것이 바람직하다고, 즉 교회가 설립되고 일정한 시간이 지나면 양적으로 성장하지 않더라도 분가를 하는 것이 좋다고 생각했다. 시간이 흐름에 따라 필연적으로 의견이 분열되기 마련이고 그로 인해 공동체가 분열된다고 보았기 때문이다. 안병무는 교회의 분열을 방지하는 적극적이고 창조적으로 방법으로 분가를 생각한 것이다. 안병무는 교회 조직이나 직책 그 자체를 부정적으로 보지는 않았다. 그러나 교회가 본래의 선교적인 사명을 망각한 채 교회 자체나 목회자 또는 조직을 위하여 존재하게 될 때 이를 단호하게 질타했다.

안병무는 민중 교회 운동에 대해서 깊은 관심과 애정이 있었다. 민중 교회의 민중 선교들이 70~80년대에 한국 사회의 민주화 과정에서 중요한 몫을 담당했다는 것은 자타가 공인하고 있다. 그러나 민중 교회는 교회라는 전통과의 접목을 소홀히 함으로써 자립하거나 성장하지 못했다. 안병무는 이를 몹시 안타까워했다. 안병무는 민중 교회가 한국 사회에서 소외된 사람들을 위한 진정한 예수 공동체로 거듭날 수 있기를 희망했다.

만년(晩年)의 안병무.

말년에 안병무는 한국 교회에서 드리는 예배 형식의 토착화에도 관심을 기울였다. 그래서 향린교회는 한국적인 정서가 담긴 징을 울리는 것으로 예배의 시작을 알렸다. 요즘은 징 소리로 예배의 시작을 알리는 교회가 점차로 늘어나고 있다. 그는 찬송가의 토착화도 적극적으로 권장하였다. 향린교회에서는 우리 가락으로 만들어진 한국 최초의 국악 찬송가를 만들어 사용하고 있다.

안병무는 예수의 얼굴을 그리는 곳이 교회라고 자주 말했다. 사람들은 각자 나름대로 예수의 얼굴을 그렸다. 유대교의 율법주의 신앙에 젖은 사람들은 율법의 상으로, 헬레니즘 문화권 속에서 선교한 교회들은 헬라 문화의 옷을 걸친 예수의 얼굴을 그렸다. 동방 교회에서는 신비주의자의 모습으로, 수도원에서는 수도자의 모습으로 예수의 얼굴을 그렸다. 예수의 얼굴은 하나로 통일된 것이 아니다. 단지 교회가 지니는 선교적 특징에 따라 각기 자기 모습을 닮은 예수의 얼굴을 그렸다.

‘예수 없는 기독교(Christianity without Jesus)’, 이것이 안병무가 경험한 2천 년에 걸친 기독교 역사의 참 모습이었다. 기독교는 예수에게서 출발했으나, 예수를 교회 밖으로 내몰았다. 왜 그랬는가? 예수는 기독교인들에게 거리낌이 되었기 때문이다. 예수를 수용하면 다른 사람에게 팬티까지 벗어주어야 하기 때문이다. “겉옷을 빼앗으면 속옷까지 벗어주어라!” 여기에서 한 걸음 더 나가면 팬티까지 벗어주라는 말이 된다. “오른 편 뺨을 때리면 왼쪽 뺨을 돌려대라.” 기독교인은 결코 그렇게 할 수 없었기 때문에 예수를 교회에서 추방하고 말았다고 안병무는 생각했다.

한국 교회가 지금까지 그려온 예수의 얼굴은 어떤 모습을 하고 있을까? 타종교를 배척하며 기독교인만을 편애하는 예수의 모습, 그리고 예수를 믿는 사람들에게 축복, 구원, 성공, 출세를 확실히 보장해 주는 예수의 모습일 것이다. 안병무는 부자를 축복해 주고 가난한 사람들을 억압하는 강자의 예수상, 반공의 보루인 예수상이 한국 교회가 그려온 예수의 모습이라고 생각했다. 안병무는 한국 교회가 기독교 본래의 모습을 상실하고 세속적인 이기주의에 함몰되어 복음의 본질에서 이탈될 때마다, 이를 서슴지 않고 비판했다. 안병무는 비판을 위한 비판을 하지 않았다. 한국 교회가 교회다움을 잃어버렸을 때, 교회를 교회답게 하기 위해서 비판했다. 그것은 한국 교회에 대한 사랑의 표현이었다.

한국 최초의 개신교 수녀원 '디아코니아 자매회'를 설립하다

영구 집권을 꿈꾸던 박정희 대통령이 1980년에 당시 중앙정보부장이었던 김재규에게 암살당하는 사건이 일어났다. 이 사건으로 민주화의 물결이 전국적으로 확산되면서 민주화의 봄이 오는 듯했다. 소위 '서울의 봄'이 온 것이다. 안병무 또한 이를 기회로 한국신학대학에 복직할 수 있었다. 그러나 불행히도 그 봄은 짧았다. 그 해 5월 17일에 전두환의 신군부가 쿠데타로 정권을 찬탈한 것이다. 이에 항거하여 광주에서 벌어진 시위는 5·18 민중항쟁 사건으로 비화되어 선량한 광주 시민들이 군인들에게 비참하게 살해당하는 비극이 일어나게 된다.

당시 민주화 운동의 선봉에 섰던 기독교계의 교수들은 전두환 쿠테타 정권에 의해서 다시 교직에서 물러나야 하는 비운을 겪었다. 당시 해직된 기독교인 교수는 한신대의 문동환, 안병무, 서울대의 한완상, 이명현, 김진균, 연세대의 서남동, 김동길, 김찬국, 고려대의 김용준, 이문영, 이화여대의 이효재, 현영학, 서광선 그리고 숙명여대의 이만열 등이었다.

신군부정권은 해직교수들에게 1년 동안 글을 쓰거나 시간강사 및 특강을 하는 것조차 봉쇄했다. 해직교수들은 대학신문에 기고하는 글도 자신의 이름이 아닌 다른 사람의 이름을 빌려야 했다. 경제적으로 수입이 될 만한 일들은 모두 원천적으로 금지되었다. 신군부정권은 해직교수들을 일일이 사찰하면서 그들과 만나는 사람들을 체크하여 만나지 못하도록 하였다. 이런 사회 분위기 속에서 해직교수들과 가족들은 극심한 경제적 어려움에 시달릴 수밖에 없었다. 그들을 돕는다는 것은 쉬운 일이 아니었다. 이때 안병무가 고안해낸 것이 한국신학연구소 사업의 일환으로 해직교수들에게 학문연구 프로젝트를 맡기는 일이었다. 그는 독일 교회의 재정적인 지원으로 이 일을 성사시켰고, 이 프로젝트에 참여한 해직교수들은 3년에 걸쳐 고정적인 연구비를 지급받을 수 있었다. 그 가운데는 한국근대사 연구 프로젝트도 있었다.

안병무는 이와 동시에 해직교수들을 한국신학연구소에서 출간하는 『신학사상』지의 기획위원으로 위촉하여 그들이 학문세계에서 소외되지 않고 지속적으로 활동할 수 있도록 했다. 그 후로 서울 지역의 해직교수협의회가 결성되었는데, 안병무가 산파 역할을 했다.

1984년 가을학기부터 해직교수들의 복직이 이루어졌다. 한국 사회가 민주화되었기에 나타난 결과는 물론 아니다. 당시 전두한 군사정권은 대학생들의 민주화 운동을 원천적으로 봉쇄하기 위하여 학원안정법을 만들고 있었기 때문이었다. 안병무는 해직교수들을 중심으로 '전국 해직교수 합동 시국선언문'을 작성하는데 몰두하였다. 해직교수들은 주로 수유리에 있는 안병무의 자택에서 모였다. 어렵고 침울할 때일수록 안병무는 농담과 해학으로 주변 사람들을 즐겁게 해 주었다. 때로는 야하고 직설적인 농담도 했으나, 그 농담들이 전혀 천박하게 들리지 않았다. 당시 선언문 작성을 위한 해직교수 모임에 참여했던 서울대 김진균 교수는 박영숙 사모의 음식솜씨를 잊을 수 없다고 술회했다. 해직교수들 모임이 있을 때면 안병무 자택 부근에는 항상 기관원들이 진을 치고 있었다. 그들은 해직교수들의 동태를 살피고 감시했다. '해직교수 시국 선언문'은 민주화를 위한 지식인의 열망을 담은 것으로 평가되었다.

당시 해직교수의 한 사람으로 안병무와 가까이 지냈던 변형윤은 그와의 대화를 한 토막 들려주었다 "기독교인들은 전지전능하신 하나님한테 기도를 하면 모든 문제를 다 들어주시지 않습니까? 죽지 않게 해 달라고 기도하면 죽지 않을 것 같은데, 왜 기독교인들은 죽지요?" 이런 질문에 안병무는 피시식 웃으면서 "그 양반, 요즘 너무 바쁘셔서 통화가 안돼요. 통화만 된다면야 여부가 있겠습니까?"라고 답했다고 한다.

　같은 해에 안병무는 독일 교회의 재정적인 지원을 받아 한국 최초로 개신교 수녀원 공동체인 <디아코니아 자매회>를 설립했다. 독일 유학 시절에 개신교 수도원들을 자주 방문하면서 그는 수도사들의 수행적 삶과 사회봉사 활동에 깊은 감동을 받았다. 독일 유학 시절부터 안병무는 귀국하면 개신교 수도원을 건립하고 싶은 꿈을 키우고 있었다.

　한국 교회가 개인 영혼 구원과 물질 축복 중심의 기복신앙과 성장 위주의 세속주의에 깊이 빠져있을 때, 안병무는 기독교의 본래 모습을 회복하고자 개신교 수도원을 창설하려고 했다. 독신을 서원한 남녀 수도자들을 영적으로 훈련시키고, 제도권의 교회들이 소홀히 해 왔던 사회에서 냉대 받고 소외된 가난한 사람들을 향한 예수의 사랑을 실천하려는 것이 수도원 창설의 목표였다.

　1980년에 안병무는 서울 당산동의 한 아파트를 구입하여 그곳을 중심으로 개신교 수도원인 <디아코니아 자매회>를 설립했다. 예수 그리스도 정신으로 소외된 사람들을 섬기며 살아가는 독신 여성공동체가 개신교 최초로 생긴 것이다. 독일에서 간호사로 일했던 여성들, 신학교를 졸업한 여성 신학도들 그리고 사회봉사에 관심을 가진 독신 여성들이 이 공동체 운동에 적극적으로 참여했다. 그 후 장소를 전남 무안의 한산촌 결핵요양원으로 옮겼다. '디아코니아 자매회'는 그곳에 작은 규모의 심장병원, 아담하고 예쁜 예배당, 수녀원 센터를 독일 교회의 재정적인 도움을 통해 건립할 수 있었다. 이곳은 오늘날까지도 사회에서 소외된 가난한 사람들을 보살피는 선교적 사명을 다하고 있다.

가톨릭은 여성 수도사들을 '수녀'로 부른다. 그러나 '디아코니아 자매회'에서는 '언님'이라고 부른다. '어진'이라는 뜻의 순우리말 '언'에 '님'자를 붙인 것이다. 언님은 '어진 님,' 또는 '좋은 님'이라는 순 우리말에서 유래하였다. 디아코니아 자매회는 간호사, 목사, 전도사, 회사원 등 다양한 직종에 종사하던 사람들로 구성되었다. 구성원들의 출신도 다양하다. 장로교, 성결교, 감리교 등 개신교 모든 교파를 포괄한다.

디아코니아 자매회의 설립 목표는 수도사들이 끊임없이 수도 정진하는 삶을 게을리 하지 않고, "이웃을 네 몸처럼 사랑하라"(막 12:33)는 예수의 으뜸가는 계명에 따라 소외된 이웃을 섬기고 보살피는 삶을 사는 것이다. 그리스도 안에서 거듭나고, 그리스도와 더불어 이웃과 세상을 향하여 다시 한 번 거듭나는 신앙 수행이 디아코니아 자매회의 설립 목표다. 자기 향상을 위한 수행 정진과 이웃 사랑의 실천은 동전의 양면이다. 디아코니아 자매회는 안병무가 추구했던 신앙적 삶의 또 다른 면을 보여준다.

디아코니아 자매회의 언님들은 수행 생활의 하나로 스스로 집을 짓고, 유기농으로 농사를 지으며, 돼지를 키우는 등 공동체 생활을 한다. 다른 한편으로 응급환자들을 돌보는 일도 한다. 충남 천안에서 독립기념관을 지나 병천 골짜기 야트막한 산기슭에 다다르면 디아코니아 자매회 모원(母院)이 눈에 들어온다. 이곳에서는 주로 무의탁 만성 결핵환자를 위한 자활의 집, 영세민을 위한 행복 노인복지관 등을 운영하고 영세 가정, 환자, 소년소녀 가장, 독거(獨居) 노인을 대상으로 생활 공동체를 이루고 있으며 주변의 독거노인들을 대상으로 생계비 지원, 의료비 지원 사업 등을 벌이고 있다. 안병무는 '디아코니아 자매회'와 더불어 '디아코니아 형제회'를 세우려 했으나 그 꿈은 이루지 못했다. 그 과제는 그의 삶과 정신을 계승하려는 사람들의 몫으로 남게 되었다.

디아코니아 자매회의 상무이사인 여성숙에 따르면 안병무는 젊었을 때에 패기가 넘쳤고, 판단이 예리하였으며, 직설적이었다고 한다. 한 번은 의사면허를 받은 얼마 후에 여성숙이 안병무에게 가서 자기의 장래에 대해서 상담을 하였다. 소록도에 가서 나환자를 돌보는 의사가 되든지 아니면 마산 결핵요양원에 가서 결핵 의사로 가볼까 생각한다고 말을 했다고 한다. 그랬더니 안병무는 '가볼까'가 무슨 말이냐며, 그 병에 걸려도 좋다는 결단이 서기 전에는 가지 말라고 했다는 것이다. 그의 단호한 성격을 보여주는 일화다.

한국신학연구소가 굳이 서울에 있어야 할 이유를 찾지 못한 안병무는 1990년 초부터 연구소의 지방 이전을 꿈꿨다. 안암동 로터리에 위치한 연구소 건물이 여러모로 쓸모가 있었지만, 노동과 영성, 이론과 실천을 하나로 통합하는 진리의 도량으로 삼기에는 여러 면에서 한계가 있었기 때문이다. 예수 시대에 에세네파 공동체가 도시 예루살렘을 탈출하여 사해 부근 인적이 드문 외딴 사막 한가운데에 터를 잡고, 기도, 명상, 노동, 재산의 공유화를 근간으로 한 신앙공동체 생활을 했듯이, 안병무는 서울을 벗어나 새로운 차원의 신앙공동체를 건설하려고 하였다. 그는 충남 천안의 병천에서 적당한 부지를 발견했다. 병천은 유관순이 3·1운동 때 만세를 부르던 '아우내 장터'가 있는 곳으로 유명하며, 부근에는 독립기념관을 비롯해 문화유적들이 산재해 있다. 아우내는 두 개의 서로 다른 내[川]가 하나로 만난다는 뜻이 있는데, 병천(竝川)의 순우리말 이름인 셈이다. 안병무는 이곳에 전통과 현대, 이론과 실천, 기독교와 타종교, 종교와 문화가 하나로 어우러지는 살림 문화의 센터를 건설하려 했다. 그래서 탄생한 것이 '아우내 재단'이다.

해직된 지 만 4년 만인 1984년에 안병무는 한신대학교에 복직되었다. 학교에 돌아오자마자 그는 후진 양성에 힘을 기울였으며, 민족통일을 준비하기 위한 일환으로 <평화연구소>를 설립했다. 이 연구소에서는 남북 이데올로기와 평화에 대한 자료를 수집하고, 평화 강좌를 개설하며, 정기적으로 잡지를 출판하였다.

1987년 8월에 안병무는 정년을 맞아 퇴임하였다. 퇴임 후에도 그는 활발한 저술 활동을 하면서 민중신학의 연구와 발전에 힘을 쏟았다. 1988년 12월에는 전두환 정권에 의해 폐간되었던 『현존』을 『살림』이라는 이름으로 재 창간했다. '죽임을 넘어'라는 부제가 달린 『살림』은 전문적인 신학잡지인 『신학사상』과 달리 평신도들도 부담 없이 읽을 수 있도록 기획되었다. 다양한 분야의 필진들이 쉬운 문체로 쓴 에세이들이 많아 『살림』은 평신도들의 교양서적으로 손색이 없었다.

공성이불거(功成而弗居)의 삶

1996년 1월, 첫 주일에 안병무는 향린교회에서 '산상에서 만난 새로운 한 분'이라는 제목으로 그의 생애에서 마지막 설교를 하였다. 향린교회 교우들은 마치 유언설교를 듣는 것 같았다고 한다. 그 설교의 끝 부분은 다음과 같다.

> …… 어쩌다 내 일생에 주어진 중심 테마가 '예수만'이라는 것이 되었나 하고 생각하면 나는 참 행복한 사람입니다. 어떤 상황에 있든지, 사상적인 혼란이 왔을 때도, 어떤 현실적인 어려운 일이 있어도, 나는 예수만을 찾으리라! 그만 붙잡고 가리라! 이것이 내 일생의 재산이었습니다. 여러분도 예수를 따르려면, 본격적으로 그를 붙잡고 그 산으로 올라가십시오. …… 어쨌든 내 생명 다하기까지 예수 그리스도의 십자가만은 놓지 마세요. 끝까지 이 십자가만은 붙잡아야 합니다.

로마에서 순교하기 직전에 빌립보 교회 교우들에게 보낸 편지에서 바울 사도는 자기가 일생 동안 걸어온 신앙의 길을 뒤돌아보면서 다음과 같이 술회한다. "나는 이것(구원)을 이미 얻은 것도 아니며, 이미 목표점에 다다른 것도 아닙니다. 그리스도 [예수]께서 나를 사로잡으셨으므로, 나는 그것을 붙들려고 좇아가고 있습니다. 형제자매 여러분, 나는 아직 그것을 붙들었다고 생각하지 않습니다. 내가 하는 일은 오직 한 가지입니다. 뒤에 있는 것은 잊어버리고, 앞에 있는 것을 향하여 몸을 내밀면서 …… 달려가고 있습니다"(빌 3:12-14).

바울이 그러했듯이, 안병무는 평생 동안 예수 그리스도를 목표로 삼아 경주했다. 그는 역사의 현장에서 도피하지 않고, 민중과 함께 인생의 마지막 순간까지 그리스도 안에서 그리스도를 향하여 달려가는 삶을 살았다. 무엇보다도 그는 어떤 상황에서든지 예수 그리스도의 십자가만은 놓지 않았다. 그는 자신의 이러한 삶의 여정을 결코 후회하지 않았다.

1996년 여름, 연변대학교의 초청으로 중국을 방문한 한완상은 심양에서 연변으로 가다가 공항에서 우연히 안병무 일행을 만났다. 공항에서 전시된 그림들을 보고 있는데, 너무나 익숙한 소리가 등 뒤에서 들리기에 돌아다보니 안병무가 지팡이를 짚고 서 있었던 것이다. "어찌된 일로 여기에 오셨습니까?" "옛 고향을 찾아가는 길이지요."[19] 이미 죽음을 예견

고희(古稀)를 맞이한 안병무.

하듯, 소천(所天)하기 두 달 전에 안병무는 주치의의 경고를 뿌리치고, 동생 가족들과 함께 평생에 그리워하던 간도 땅을 밟았다. 안병무의 어린 꿈이 서려있는 곳, 민족의 독립과 조국의 해방을 꿈꾸며 수많은 애국지사들의 숨결을 느낄 수 있는 곳, 그 고향을 얼마나 가고 싶어 했겠는가! 지난날에는 정치적인 상황으로 갈 수 없었다. 그러나 노년의 안병무는 병이 들어 자유롭게 움직일 수 없어서 가지 못했다. 귀소본능의 발동이었을까? 그 해 여름, 안병무는 신체적 조건이 허락하지 않은 줄 알면서도 무리하게 고향 방문을 결행했다. 그것이 그의 마지막 길이 될 줄은 아무도 몰랐다. 한완상은 연변호텔에서 마지막으로 본 안명무의 모습을 다음과 같이 술회했다.

지팡이를 짚고 어린애처럼 환하게 웃는 안 박사, 그리
던 옛날 고향을 보고 그의 동심(童心)은 되살아 난 것 같

---

19) 심원기념사업위원회 편, 한완상, 「들의 소리, 심원 안병무를 생각하며」, 『갈릴래아의 예수와 안병무』, 한국신학연구소, 1998, 238-44쪽.

았다. 하기야 늙었어도 언제나 아이같은 분이었으니, 되살
아날 동심이 따로 있었던 것은 아니었다. 몸이 불편한데도
마음은 자유로워 그의 고향, 간도 땅 한 호텔 라운지에서
활짝 웃던 그 모습이 그의 마지막 모습이 되고 말았다.[20]

안병무는 동생 가족들과 함께 간도의 산골짝 달라재, 용정
그리고 해룡강 건너편에 있는 용강동 모아산교회를 방문하였
다. 그곳에서 안병무는 80세를 넘긴 할머니를 만났다. 그분은
예전에 안병무가 이 지역에서 전도사 사역을 할 때 교인이었
다. 그 할머니는 "안 전도사님!"하고 달려왔다. 할머니는 죽기
전에 안 전도사를 만난 기쁨이 꿈만 같다고 했다. 14살 때에
고향을 등진 후, 실로 61년만의 만남이었다.

고향 땅을 찾은 안병무의 기쁨은 말로 형언할 수 없었다. 그
러나 그의 건강 상태는 간도 여행에서 얻은 피로를 감당하지
못했다. 임종을 며칠 앞두고, 동생 안병택을 만난 자리에서 안
병무는 흰 세마포 옷을 입고 천사처럼 하늘을 향하여 훨훨 날
아가는 꿈을 꾸었는데 "야, 참 기분이 좋더라"고 말했다고 한
다. 1996년 10월 19일, 안병무는 그가 평생 좌우명으로 삼았던
'공성이불거(功成而弗居)'의 삶을 뒤로하고 우리 곁을 떠났다.

---

20) 한완상, 위의 책, 238-46쪽 참조.

민경배는 안병무의 인간 됨을 다음과 같이 술회했다. "그는 남다르게 총명한 인상으로 풍기고 있었다. 그의 빛나는 눈매는 맑고도 꿰뚫는 것 같았다. 그는 한국인으로는 중키 정도였다. 하지만 단단하고도 곧은 모습을 보여주었다. 특히 그의 두상은 아주 인상적이었다. 둥글고 잘 생겼다. 머리숱이 적어 보였지만 그럴수록 그의 두상은 더 완연히 드러나 지적인 그의 모습을 더 돋보이게 하고 있었다. 그는 아주 유머를 즐기시는 분이었다. 대담한 데도 있었다. 하지만 어쩐지 쉽게 가까이 하기는 힘든 분으로 보였다. 혼자 있을 때 멀리 보면 그의 얼굴에 고독과 비애가 배어있는 것을 보았다. 속이 트인 분이었지만 다정다감한 분이었다."[21]

하나님 없이 하나님 앞에서 민중과 더불어 치열하게 살았던 행동하는 양심, 필자가 경험한 인간 안병무의 모습은 이러했다.

---

21) 심원기념사업위원회 편, 민경배, 「안병무 시대」, 『갈릴래아의 예수와 안병무』, 한국신학연구소, 1998, 149쪽.

2. 실존주의 신학

키에르케고르의 실존주의 철학과의 만남

안병무는 성서를 읽는 데 있어서 기독교의 특정 교리(도그마)나 세계관에 매이기를 싫어했다. 특히 신학자들이 쓴 주석의 도움을 될 수 있으면 받지 않고 혼자 힘으로 성서를 읽으려 했다. "성서는 어린애처럼 읽어야 한다"는 그의 신념은 키에르케고르의 실존주의를 만나면서 더욱 굳어졌다.

안병무는 키에르케고르 철학의 도움을 받으며 성서에서 특정 세계관이 아닌 자신의 실존에 관해 묻기 시작했다. 성서란 무엇인가? 인간 실존을 향한 물음이다. 성서가 보여주는 인간 실존이란 무엇인가?[22] 그것은 '하나님 앞에 선 나'의 모습이다. 한 사람 한 사람이 모두 하나님 앞에 단독자(單獨者)로 서

있다. 손오공이 부처 손바닥을 벗어날 수 없듯이, 인간은 아
무리 하나님을 떠나려고 몸부림쳐도 떠날 수 없다. 언제나 하
나님의 손 안에 실존할 따름이다.

　‘하나님 앞’ 또는 ‘하나님 안’이란 무엇인가? 그것은 공간
적 개념이 아니다. 관계적 개념이다. 끊으려고 하나 끊을 수
없고, 피하려고 하나 피할 수 없는 관계, 벗어나려고 몸부림
쳐도 벗어날 수 없는 관계, 그런 운명적 관계를 안병무는 바
로 하나님과의 실존적 관계로 파악한다(시 139편). 도망갈래
야 도망갈 수도 없고, 도망갈 곳도 없다. 그런데 그 하나님이
누구인지 모른다. “당신이 누구입니까?”하고 물으면, “나는
나다(ehye asher ehye; I am that I am)”라고 대답할 뿐이다.
성서가 보여주는 하나님은 “나는 무엇이다”라고 규정하지 않
는다(출 3:14). 소리는 들려도 그 소리의 주인은 끝끝내 얼굴
을 보여주지 않는다. 응시할수록 가물가물할[玄之玄]뿐 분명
하게 모습을 드러내지 않는다. 인간의 실존도 이런 특성이 있
다는 것이다. 실존(實存)인데 잡으려고 하면 빠져나간다. 그
래서 인간의 실존은 키에르케고르가 말한 것처럼, ‘하나님 앞
에 선 단독자’로서 ‘두려움과 떨림’을 갖는다. 세상 사람들이

---

22) 안병무는 설교집 『성서적 실존』을 내기도 했다. 이 설교집에는 안
　　병무의 실존적 고민들이 고스란히 담겨있다(한국신학연구소, 1982).

규정한 '나'와 내 실존은 별개(別個)이다. 실존은 세인(世人)
이 아니다. 세계 안에 있으면서 세계에 매이지 않은 존재, 그
것이 실존이다.

　안병무는 성서가 인간 실존의 모습을 적나라하게 보여준다
고 보았다. 하나님을 말하지만 그 하나님은 보이지 않고, 구
원을 말하지만 그 구원은 손에 잡히지 않는다. 그렇기 때문에
하나님을 보고 구원을 잡으려고 하면 할수록 성서는 우리를
더욱더 회의(懷疑)에 빠지게 한다. 하나님을 찾는 것은 마치
태양을 직접 보려는 것과 같다. 태양을 보고 싶어 하지만 눈
이 부셔 볼 수 없다. 태양은 자신을 보라고 있는 게 아니다.
만물을 비추기 위해 있는 것이다. 만물을 봄으로써 우리는 태
양이 있다는 것을 간접적으로 안다.

　내게 진정으로 필요한 것은 무엇인가? 칸트와 헤겔로 이어
지는 독일 관념론 철학에서와 같이 화려한 보편성의 논리나
정치(精緻)한 학문의 체계인가? 아니다. 내가 누구인가를 알
고, 내가 선 자리를 아는 것, 나를 먼저 살리는 것이어야 한
다. 그 밖의 것은 사람들이 아무리 중요하다고 말할지라도,
나에게는 아무런 가치가 없다.[23] '전체를 위한(pro nobis)' 보
편적 진리가 아니라, '나를 위한(pro me)' 개체적이고 실존적

진리가 나에게 필요하다. 키에르케고르의 『죽음에 이르는 병』 서문에서 다음과 같은 기도문이 실려 있는데, 안병무는 이를 자주 인용하였다. "주여! 쓸모없는 것들에 대해서는 둔한 눈을 주시고, 당신을 아는 모든 진리에 대해서는 아주 맑은 눈을 주소서." 안병무 또한 '나를 위한' 진리에 시선을 모으기 위해 동일하게 기도했다.[24]

불트만 신학과의 만남

키에르케고르의 실존주의 철학과 아울러 안병무의 신학사상에 결정적인 영향을 끼친 신학자는 루돌프 불트만(R. Bultmann)이다. 불트만은 보편을 지향하는 관념론적 성서해석을 거부하면서 성서에서 '나를 위한(pro me)' 실존적 진리를 추구한 대표적인 학자 가운데 하나였다. 그는 교리주의적인 성서해석에 맞서,[25] 역사비평적 방법(historical critical method)을 도구로

---

23) 키에르케고르(S.Kierkegaard)는 1813년에 덴마크의 코펜하겐에서 부유하고 경건한 모직상의 막내아들로 태어났다. 1849년에 저술한 『죽음에 이르는 병』에서 그는 인간의 영원 의식과 유한한 현실 사이의 불일치를 직시하면서, 인간의 실존적 상황을 '절망'으로 파악하였다. 절망은 다른 것이 아니라 인간이 자기의 본래 모습을 상실한 상태이다. 절망은 곧 죄이며, 이것이 바로 인간에게 있어서 죽음에 이르는 병이다.
24) 안병무, 『성서적 실존』, 한국신학연구소, 1982, 3쪽.

사용하여 성서해석을 하였다. 이 비평 방법은 성서를 신앙교리 문서로 받아들이는 대신에, 초대 교회의 신앙공동체에 의해서 쓰여진 역사적 산물로 받아들인다. 역사비평학은 한편으로 성서 본문을 그 시대의 공동체가 처한 역사적 상황과 연결시켜 해석하고, 다른 한편으로는 복음서를 기록한 저자의 저술 의도가 무엇인지를 캐묻는다.

역사비평적 방법을 도구삼아 복음서를 연구한 결과 불트만은 복음서가 역사적 예수의 생애를 연대기적으로 기록한 자서전(Autobiographie)이 아니고, 초대 기독교 성도들의 신앙고백서라는 결론에 도달했다. 곧 초대 기독교인들의 '실존에 관한 물음'이 예수라는 한 인물에 투영된 문서로 보았다. 예수는 그리스도이며 다름 아닌 하나님의 아들이라는 신앙고백이 그것이다.[26] 안병무는 이러한 불트만의 성서해석 방법을 수용하면서 성서해석의 도구로 삼았다.

---

25) 불트만은 1884년에 독일 비펠스테트에서 루터파 경건주의 목사인 아르투르 불트만(Arthur Bultmann)의 아들로 태어났다. 그는 하이데거의 실존주의 철학 방법론을 받아들여 실존주의 신학을 완성하였다. 특히, 불트만의 탈(脫)신화화론(Entmythologisierung)은 20세기 신학과 철학계에 많은 반향과 격렬한 찬반 논쟁을 불러일으켰다.

26) R. 불트만, 허혁 옮김, 『신약성서신학』, 서울: 성광출판사, 1976, 서언.

불트만에 따르면 바울은 '신앙'을 기점으로 인간을 이해한다. '신앙 이전의 인간'과 '신앙 이후의 인간'이 그것이다. 곧 하나님과의 관계성 속에서 자기를 이해한다. 하나님의 존재에 대한 물음은 바울의 관심 밖에 있다. 하나님은 나와 어떤 관계를 가진 분인가에 바울은 관심을 갖는다. 바울은 하나님을 개체로 보지 않고 관계적 존재로 본다. 바울은 인간도 개체로 보지 않고 관계적 존재로 본다. 인간은 홀로 존재하지 않는다. 하나님 앞에 서 있는 실존으로서 존재한다. 하나님도 홀로 존재하지 않는다. 인간과 관계를 맺는 한도 내에서 하나님이다.

인간과의 관계성 속에서 현존하는 하나님, 그리고 하나님 앞에 서 있는 실존으로서의 인간, 이러한 바울의 인간 이해를 근거로 하여 불트만은 "신학은 인간학이다(Theologie ist die Anthropologie)"라는 선언을 하기에 이른다. 안병무는 불트만의 이러한 주장에서 큰 깨달음을 얻었다.

역사비평적 방법을 도구로 불트만이 복음서 연구에서 도달한 결론은 무엇이었는가? 초대 교회의 신앙고백이었다.[27] 복

---

27) 예수는 하나님 나라를 선포했다. "때가 찼다. 하나님의 나라가 가까이 왔다. 회개하여라. 복음을 믿어라"(막 1:15). 그러나 초대 기독교공동체는 예수를 하나님의 아들이요 구세주(그리스도)로 선포했다. 이는 '선포자' 예수가 교회공동체에 의해서 '선포의 대상'

음서는 역사적 예수에 관한 자서전이 아니라, 일종의 초대 교회 기독교인들의 고백적인 신앙 문서였다. 복음서가 성도들의 신앙 문서라는 불트만의 신학적 결론은 결국 복음서에서 역사적 예수를 탐구하는 데 소극적이게 했다. 복음서를 기록한 저자들의 편집 의도, 곧 복음서를 쓰게 된 그들의 신앙적인 동기를 무시하고 객관적인 역사적 예수의 발자취를 추구하는 것은 결코 바람직한 태도가 아니라는 판단에서다.

하지만 안병무는 불트만의 이러한 결론에 만족하지 않았다. 설사 불트만의 입장이 옳다고 해도, 신학에서 역사적 예수에 대해 아무것도 말할 수 없다면, 불가지론(不可知論)에 빠질 수밖에 없다고 생각했기 때문이다.[28] 안병무는 한편으로 복음서가 초대 교회공동체 구성원들의 신앙고백의 산물이라는 불트만의 입장을 비판적으로 받아들이면서도, 다른 한편으로는 복음서에서 역사의 예수의 발자취를 찾는 작업을 포기하지 않았다.[29]

그리스도로 바뀐 것이다.

28) 불가지론(agnosticism)은 인간이 하나님이나 궁극적 실재에 대해서 아무것도 알 수 없다는 사상을 대변한다.

29) 역사의 예수 발자취를 찾으려는 안병무의 관심은 그의 민중신학에 관한 논문들에서 더욱 심화된다.

신약성서를 읽어보면 현대인의 이성적인 판단으로는 도저히 납득이 가지 않는 이야기들을 만나게 된다. 예수가 귀신을 내쫓고 불치병으로 고통을 당하는 병자들을 고쳐주는 이야기나 물 위를 걷고 죽은 사람을 살려내는 이야기들은 인간의 이성적 판단으로는 도저히 납득이 가지 않는다. 하늘은 하나님이 계신 자리이며 천사와 악마들이 활동하는 곳이기도 하다. 땅은 어떤 곳인가? 사람이 사는 곳이며, 선과 악의 세력이 투쟁하는 장소다. 땅 밑에는 음부(지옥)가 있다. 악을 행하거나 죄를 짓고 회개하지 않은 사람은 죽어서 음부에 내려가 불구덩이에서 고통을 당한다. 지구는 네모반듯하며 3층 구조로 되어있다는 것이 성서가 쓰여진 당시 사람들의 세계 이해였다. 이를 신화적 세계관이라 부른다.

그러나 시대가 바뀌었다. 현대인은 신화적 세계관이 아닌 실증과학적 세계관 속에서 산다. 과학적 세계관에 따르면 지구는 네모반듯하지 않고 둥글다. 하늘 어디에서도 하나님의 처소를 발견할 수 없다. 신약성서에 등장하는 이러한 신화적 세계관을 담고 있는 이야기들을 현대인은 어떻게 받아들여야 하는가? 불트만은 이 문제를 가지고 씨름했다.

신약성서의 이야기들은 세계를 객관적으로 설명하려는 목

적이 있었던 것이 아니라 고대인들의 실존적 자기이해의 표현방식이었다. 따라서 현대인은 성서의 이야기에서 당시 사람들의 실존에 대한 자기이해가 얼마만큼 녹아있느냐를 물어야 한다고 불트만은 생각했다. 불트만은 성서 이야기들을 현대인이 이해 가능하도록 실존적으로 해석하는 작업이 필요하다고 주장했다.

안병무는 불트만의 실존주의적 성서해석학의 주제들을 비판적으로 받아들였다. 첫째, 불트만은 성서의 신화적 이야기를 단순히 인간의 실존적 자기이해라는 차원으로 축소했다고 보았다. 그러나 신화는 실존적 차원을 넘어서 인류공동체의 원초적인 경험을 반영한다는 것이다.[30]

둘째, 불트만은 초대 교회 기독교인들의 예수 그리스도에 대한 신앙고백을 개인의 실존적인 결단을 촉구하는 차원으로 축소했다는 것이다. 불트만은 예수가 병자를 치유하는 기적 이야기들을 이러한 신앙고백에서 제외했다.

셋째, 인간의 실존과 역사(세계) 사이의 접점을 불트만의 실

---

30) 이런 입장을 대변하는 학자로는 뒤르깽, 말리노브스키, 레비스트로스가 있다.

존주의 신학에서는 찾을 수 없다. 실존과 역사가 영원히 평행선을 긋고 나아갈 뿐이다. 불트만은 하나님과 인간의 실존적 만남을 인간의 '자기 자신과의 만남'이라는 주관성의 차원으로 환원시켜 버린다. 그럼으로써 개인의 실존과 세계 사이의 유기적인 연관성이나 변증법적인 통일성을 보지 못하고 있다.

넷째, 안병무가 지적하는 불트만 신학의 결정적인 한계는 역사적 예수 사건보다 초대 교회 기독교인들의 예수에 대한 부활 신앙고백 사건을 더 우위에 둔다는 데서 발견된다. 안병무에 따르면, 초대 기독교인들의 신앙고백 사건보다 예수의 민중 사건이 먼저 있었다.

실존주의적 성서해석

안병무는 바울의 실존을 과거 속의 자기와 미래 속의 자기라는 두 지평에서 이해했다. 과거의 바울은 가진 것이 많았다. 그러나 그리스도를 만난 후에는 자신이 가진 것들을 배설물처럼 버린다고 했다. 이 땅에서 자기의 삶을 보장해 줄 것 같았던 것들이 오히려 자신을 상실시킨다는 것을 깨달았기 때문이다. 바울은 과거에 얻은 것들이 자기 자신의 생명을 보장해 주지 못한다는 것을 깨달았을 때 그것들을 과감히 버렸다.

존재한다는 것은 내가 무엇을 소유했다는 것과 다른 문제다. 가진 것이 바로 나일 수는 없다. 기득권은 내 현존을 밝히기보다는 오히려 은폐한다. 현존은 소유가 아니다. 현존은 오직 버리고 얻으려는 틈새에 있는 그 무엇이다. 과거에서 탈출하고 미래를 향해 나가는 탈존(脫存)과 향존(向存), 그리고 이미(already)와 아직 아니(not yet) 사이의 존재가 바로 현존(現存)인 것이다. 소유나 과거에 매이지 않고, 오로지 기독교인의 목표인 그리스도를 향해 달리는 '도상의 존재(途上의 存在)'에서 안병무는 신앙인의 참 모습을 보았다.[31]

안병무에게 있어서 아브라함의 생애는 실존적인 삶을 대표한다. 이스라엘 민족의 역사는 출애굽에서 시작된다. 이스라엘 역사에서 출애굽의 주제는 교향곡의 주 멜로디처럼 약간씩 변형되면서 반복된다. 이스라엘 민족의 조상은 아브라함이다. 아브라함 이야기는 출애굽의 역사적 모형(模型)이다. 그러므로 아브라함 이야기는 출애굽 이야기와 연관해서 읽을 때 그 의미가 더욱 선명해진다.

아담이 하나님의 명령에 거역하여 범죄함으로 에덴동산에

---

31) 안병무, 『성서적 실존』, 서울: 한국신학연구소, 1982, 15-25쪽.

서 추방당했다면, 아브라함은 "네 고향과 친척, 그리고 아비
집을 떠나라"는 하나님의 명령에 순종하고 자기 삶의 터전이
었던 고향을 떠났다. 아브라함의 탈향(脫向)은 종족 사회에서
의 추방이 아니라, 새 역사를 창조하기 위한 출발이다. 당시
종족 사회에서 부모와 고향집을 떠난다는 것은 죽음의 위험
속에 자신을 던지는 것과 같았다. 그러나 아브라함은 모든 위
험을 무릅쓰고 아무것도 보장되지 않은 미래를 향해 자신을
내어 맡긴다. 그는 미래의 약속 하나만을 의지한 채 하나님께
서 '지시하는 땅'으로 향한다. 그의 자손이 하늘의 별처럼, 바
다의 모래알처럼 번성하고(창 22:17), 온 인류가 그 자손을 통
해 복을 받게 될 그런 땅을 향하여 아브라함은 삶의 터전을
떠난다(창 18:18). 아브라함은 가나안, 베델, 이집트, 네겝, 헤
브론 등으로 유랑 생활을 한다. 그는 한 곳에 정착하지 못하
고 끝없이 떠돌아다닌다. 유목민의 삶을 일관한다. 아브라함
의 이러한 유복민의 삶을 두고 이스라엘은 그들의 조상이 떠
돌아다니는 아람 사람이었다고 고백한다(신 26:5).[32]

유목민에게는 소유가 없다. 최소한의 생존을 위한 양식과 천

---

32) "내 조상은 떠돌아다니면서 사는 아람 사람으로서 몇 안 되는 사람
을 거느리고 이집트로 내려가서, 거기에서 몸 붙여 살면서, 거기에
서 번성하여, 크고 강성한 민족이 되었는데 ……"(출 26:5-10).

막이 전부이다. 그들은 항상 새로운 목초지를 찾아 떠날 준비를 한다. 삶은 곧 머묾과 떠남이다. 추위와 더위, 사막의 적막과 싸우면서 나그네로 살아가는 것이 유목민의 삶이다. 이스라엘의 조상 아브라함은 이러한 탈향적(脫向的) 삶의 전형이다.

아브라함, 이삭, 야곱으로 이어지는 이스라엘 족장들은 기존 체제에 안주하지 않았다. 끊임없이 앞을 향해 나가는 탈향적 삶을 살았다. 그들을 향한 하나님의 약속은 현재에 있지 않았다. 언제나 미래에 있었다. 그들의 삶을 이끄는 동력(動力)은 바로 미래의 약속이었던 것이다. 하나님의 약속이 이스라엘 족장들의 현재 삶을 규정하였던 것이다.

안병무는 아브라함에 이어 야곱에게서 탈향적 삶의 전형을 발견한다. 야곱은 하나님을 만나기 위하여 특별한 제단을 쌓지 않았다. 그의 삶이 제단이었고, 제단이 곧 그의 삶이었다. 그는 삶의 한복판에서 하나님을 만났다. 야곱은 얍복강 나루터에서 환도뼈가 부러질 때까지 밤새도록 하나님과 씨름했다. 야곱은 신을 경배하기보다는 오히려 밤새도록 신과 싸웠다. 그리하여 "네가 하나님과도 겨루어 이겼고, 사람과도 겨루어 이겼으니, 이제 네 이름은 야곱이 아니라 이스라엘이다"(창 32:28)는 약속을 얻어냈다. 이스라엘의 뜻은 "하나님이여, 통

치하소서!”이다. 하나님의 통치, 하나님의 왕국, 하나님의 지
배에 대한 간절한 기원이 다름 아닌 이스라엘이다. 하나님만
이 우리의 유일한 왕이요, 통치자라는 선언이다. 하나님의 통
치는 세상의 모든 권력을 상대화시킨다. 이스라엘은 종교제의
를 포함한 일체의 지배 체제나 기존 가치를 상대화시킨다. 이
리하여 야곱은 하나님이 통치하시는 한 족속의 시조가 된 것
이다.[33] 안병무는 오늘의 한국 민중에게서 야곱의 실존적 삶
의 모습을 본다. 곧 사람과 겨루고 하나님과 겨루는 삶의 모습
을 발견한다.

안병무는 「창세기」에 등장하는 에덴낙원과 인간의 타락 이
야기도 실존적 지평에서 해석한다. 에덴동산 이야기는 역사적
사실(historical fact)로 읽어서는 안 된다. 아담 역시 연대기적
의미에서 인류의 조상으로 볼 수 없다고 한다. 만약 그렇다면
아담은 오늘의 우리와 아무런 상관이 없을 것이다. 안병무에
따르면 아담은 연대기적 의미에서가 아니라 실존적 의미에서
인류의 조상이다.

다시 말해 실존적 지평에서 아담과 나는 연결되어 있다. 실

---

33) 안병무, 위의 책, 38쪽.

낙원 이야기의 핵심 내용은 무엇인가? 악의 기원이 무엇인가? 죽음은 어디에서 오는가? 왜 인간은 땀을 흘리며 노동을 해야 먹고 살 수 있는가? 왜 여인은 남자와 달리 해산의 고통을 겪어야 하는가? 이러한 인간 실존의 문제는 아담 시대에만 한정된 것이 아니다. 시공을 초월하여 모든 사람이 경험하는 인류 공통의 실존 문제이다. 따라서 안병무는 아담의 타락 이야기에서 내 자신의 실존을 보고, 동시에 나의 실존적 삶에서 아담의 실존을 회상해야 한다고 한다.[34] 아담의 타락 이야기는 신화(Mythos)가 아니다. 그것은 모든 인간이 경험하는 실존의 한 단면을 보여준다.[35]

안병무는 실존적 인간의 모습을 예수 이야기에서도 찾는다. 예수는 하나님 나라를 혼인잔치에 비유하여 설명한다.[36] 한 주인이 혼인잔치를 배설하고 사람들을 초대했다. 그런데 한 사람은 밭을 사서 가지 못 간다고 했다. 또 다른 사람은 소를 샀고, 또 다른 사람은 결혼을 했다. 그래서 그들은 잔치에 참여하지 않았다. 그들은 각자 자신이 가진 소유를 지키기 위해 주인의 초대를 거부했다. 주인은 진노해 거리에 나가서 '아무

---

34) 안병무, 위의 책, 38-39쪽.
35) 안병무, 위의 책, 41쪽.
36) 마 22:1-14; 눅 14:15-24.

나' 불러오라고 했다. 그렇게 해서 잔치에 참여한 사람들은 누구였을까? 거리의 사람들, 기득권이 없는 사람들이었다. 「누가복음」은 더욱 구체적으로 언급한다. 거리에서 떠돌아다니는 가난한 사람, 지체 장애인, 시각 장애인, 다리를 저는 사람들이 잔치에 참여했다고 한다.[37] 본문에서 잔치는 하나님 나라를 상징적으로 표현한 것이다. 하나님 나라에 초대를 받았으나, 기득권자들은 그 초대를 거부했다. 기득권을 지키기 위해서다. 정작 하나님 나라에 참여한 사람들은 누구인가? 거리의 떠돌이 부랑인들이다. 그들은 아무것도 가진 것이 없기에 하나님 나라 초대에 쉽게 응했던 것이다.

안병무는 바울 신학의 주요 인간학적 개념들도 실존주의적 지평에서 이해하려고 했다. 인간의 몸은 육(肉)도 아니고 영(靈)도 아니다. 그렇다고 그런 것들을 제외한 그 어느 것도 아니다. 바울이 인간의 영성(靈性)을 강조한다면, 그것은 인간을 육의 노예 상태에서 해방시키려는 의도에서다. 만약 인간의 육성(肉性)을 강조한다면, 그것은 인간을 관념의 노예 상태에서 해방시키려는 의도에서다.

---

37) 안병무, 『그래도 다시 낙원에로 환원시키지 않았다』, 서울: 한국신학연구소, 1995, 41-43쪽.

안병무에 따르면 사람은 몸을 가지고 있는 것이 아니다. 사람이 곧 몸이다. 몸이 영과 육으로 분리된다면, 그것은 더 이상 몸이 아니다. 사람은 몸이어서 사람이다. 그것은 유기적 통째[統體]로 존재할 때만 사람이라는 말이다. 그러므로 사람은 귀로 듣고 입으로 말하는 것이 아니다. 몸으로 듣고, 몸으로 말한다. 머리로 생각하고 육으로 사랑하는 것이 아니다. 몸으로 생각하고, 몸으로 사랑한다. 인간의 삶은 곧 몸으로서의 삶이다. 사람은 몸으로 이웃과 소통하고, 사회와 소통하며, 자연과 소통한다. 이러한 몸의 전체성이 상실되면, 귀로 듣고, 입으로 말하며, 머리로 생각하고, 육으로 사랑하게 된다. 몸이 분열된 결과이다. 생각·말·행동·삶이 하나로 통전(統全)될 때에 비로소 몸이 된다.

안병무는 몸의 '전체성'이 깨진 상태를 죄로 보았으며, 이것이 인간을 죽음에 이르게 하는 병이라고 진단했다.[38] 바울의 이러한 몸 이해는 독특하다.[39] 바울 시대에는 영지주의(gnosticism)가 판쳤다. 영지주의는 인간을 영과 육으로 갈라놓고, 인간의 '본래적 자아'인 영이 악한 육이라는 감옥에 갇혀있는 것이 인간 실존의 모습이라고 했다. 그러므로 그들에

---

38) 안병무, 『성서적 실존』, 50쪽.
39) 고전 1:12-20; 롬 6:12-14 참조.

게 구원은 인간의 영적 자아가 육의 감옥에서 벗어나 영의 세계로 돌아가는 것을 뜻하였다.

기독교 영지주의자들은 예수 그리스도가 육으로 이 땅에 왔다는 것을 부정했다. 예수가 십자가에 달려 고난을 당한 것도 부정했다. 예수의 부활도 몸의 부활이 아니라 순수 영의 부활로 이해했다. 예수 그리스도 사건을 순수 영적 사건으로 이해했다. 영지주의자들의 극단적인 영육 이원론에 대항하여 바울은 싸워야 했다. 복음의 순수성을 지키기 위해서 바울은 몸을 강조했다. 이를 위해 '몸으로 오신 그리스도', '몸을 죽인 십자가', '몸의 부활', '몸으로 산 제사를 드림', '몸을 쳐서 복종케 함' 등을 주창했다.[40]

고린도 교회의 영지주의자들은 인간을 영과 육으로 갈라놓고, 영은 하나님에게 그리고 육은 방종에 내맡기는 일을 서슴지 않았다. 그들에 따르면 인간은 영이신 그리스도를 믿음으로 구원을 받는 것이므로, 육은 성적인 향락을 누려도 상관없다고 생각했다. 바울은 이들과 싸워야 했다. 바울은 몸의 전체성을 강조한다. "창녀와 합하는 사람은 그와 한 몸이 된다

---

40) 롬 1:24; 6:6; 12-13; 7:24; 8:10-13; 고전 6:13; 15-16, 20; 7:4; 13:3; 갈 5:16-17 참조.

는 것을 알지 못합니까?"라고 한다.[41] 성적인 접촉은 단순한 육체의 관계를 넘어선 몸과 몸의 관계요, 인격 대 인격의 관계다. 이처럼 바울은 몸의 전인성(全人性)을 강조한다. "내가 자랑삼아 내 몸을 넘겨줄지라도"[42] "나는 내 몸을 쳐서 굴복시킵니다"[43] "여러분은 죄가 여러분의 죽을 몸을 지배하지 못하게 해서"[44] 바울의 이런 표현들에는 몸은 부분이 아니라 전체라는 생각이 들어있다.

안병무는 서구 사회의 고민을 이러한 영과 육의 분리, 그리고 주체와 객체의 분리에서 찾았다. 키에르케고르는 주체와 객체가 만나는 제3의 장소로서 '정신(Geist)'을 내세워 분열된 인간의 실존을 통합하려 했지만, 바울은 '몸(soma)'으로서의 인간을 '하나님 앞에 선 존재(Sein vor Gott)'로 보았다.

바울에 따르면 인간의 몸은 '하나님의 영(프뉴마)'이 거하는 거룩한 곳이다.[45] 기독교인은 몸으로 하나님을 영화롭게

---

41) 고전 6:16.
42) 고전 13:3.
43) 고전 9:27.
44) 롬 6:12.
45) 고전 6:16. 바울의 몸 사상은 서구인보다 동양인에게 훨씬 쉽게 이해될 수 있다. 주로 사유에 의존해 사물을 파악했던 서구와는 달리 동양은 몸으로 사물을 파악하는 전통이 강하기 때문이다. 몸으로 파악한다는 것은 사물을 통째로 파악하다는 것이다. 동양의

해야 한다.[46] 기독교인은 자신의 몸을 하나님의 의(義)를 이루는 도구로 써야 한다.[47] 안병무에 따르면 바울의 이러한 몸 해석은 '개인적 차원의 실존'에 머물러 있지 않고, '공동체적 차원의 실존'으로 확장된다.

바울은 공동체와 그 구성원 사이의 관계를 몸과 지체(肢體)의 관계로 설명한다. 몸은 하나지만, 여러 지체가 있다. 여러 지체는 각기 독자적인 기능을 하지만, 어느 한 지체가 다른 지체를 지배하지 않는다. 각 지체들은 차별이나 귀천이 없다. 한 지체의 문제는 그것으로 끝나지 않고 모든 지체의 문제가 된다. 예를 들어 한 지체가 아프면 온 지체가 아프다. 지체는 개체이면서 동시에 전체이다. 각 지체는 서로 유기적으로 연결되어 하나의 몸(공동체)을 형성한다.[48]

요가나 선적 명상, 또는 태극권(太極拳) 등은 모두 몸의 수련과 직결된다. 선이나 명상에서 몸의 자세가 중요한 이유도 여기에 있다. 호흡, 자세, 의식이 분열되어서는 안 되고, 삼위일체가 되어야 한다.

46) 고전 6:20.

47) 롬 6:13.

48) "그뿐만 아니라, 사람이 몸 가운데서 더 약하다고 여기는 지체가 오히려 더 긴요합니다. 그리고 몸 가운데서 덜 귀하다고 생각하는 지체들을 더욱 귀한 것으로 입히고, 볼품없는 지체들을 더욱더 아름답게 꾸며 줍니다. …… 한 지체가 고통을 당하면, 모든 지체가 고통을 당합니다. 한 지체가 영광을 받으면, 모든 지체가 함께 기뻐합니다"(고전 12:22-26).

이 같은 지평에서 바울은 교회공동체를 이해한다. 교회공동체는 그리스도의 몸이요, 구성원들은 그 지체다. 따라서 공동체를 구성하는 지체인 유대인과 헬라인, 종과 자유인, 남자와 여자 사이에는 "그리스도 안에서(en Christo)" 그 어떤 구별도 있을 수 없다.[49]

안병무는 복음서에서 단편적으로 읽을 수 있는 예수의 삶 속에서 고독한 실존자의 모습을 발견한다. 예수는 하루 종일 군중에 싸여 지내다가, 날이 저물자 무리를 해산시킨 다음 산으로 올라가 홀로 지냈다. "다음날 새벽 아직 어두울 때 예수는 일어나 외딴 곳으로 가서 기도하고 계셨습니다"(막 1:35). 예수는 틈만 있으면 인적을 피해 산으로 올라가 홀로 지냈다.[50]

홀로 있음이 예수의 기도이다. 예수가 골방에서 문을 닫고 기도하라고 가르쳤다면, 그것은 홀로 있으라는 것이다(마 4:6). 기도는 홀로 있음이요, 자기에게로 환원하는 행위이다. 홀로 있음은 자신과의 관계로 돌아가는 것이다. 텅 빈 나를 직시할 때에 자신에게로 돌아갈 수 있다. 겸손과 순수, 그리고 새 것에 대한 복종은 홀로 있음 속에서 얻을 수 있다. 외딴 곳에서

---

49) 갈 3:28.
50) 요 7:53; 8:1.

홀로 기도하는 예수에게서 안병무는 본래의 자아에로 회귀하
는 예수를 발견했다.

안병무는 고독(Loneliness)에서 홀로 있음(Solitude)으로의 방
향 전환을 강조했다. 그러나 홀로 있음, 그 자체가 목적은 아니
다. 예수는 제자들을 건너편으로 보냈다. 다시 만날 것을 약속
한 것이다. 홀로 있음은 다시 만남을 전제할 때에 그 의미가
있다. 홀로 있음을 통해 본래적 자아를 회복한 예수는 이웃을
향하여 나아간다. 이웃이나 세계와의 만남 속에서 하나님을 만
날 수 있다. 이웃과 세계를 향하여 나아가기 위해서는 먼저 해
야 할 일이 있다. 잃어버린 자기 모습을 되찾는 일이다.

3. 민중신학

민중신학의 사회적 배경

헤겔은 그의 책 『법철학』 서문에서 학문의 역할을 올빼미에 비유한 적이 있다. 학문은 대낮에 일어난 일을 밤에 정리하는 작업을 그 사명으로 한다는 것이다. 그러나 학문에는 또 다른 사명이 있다. 인간의 현실, 곧 의식과 사회를 변혁시키는 사명이다. 주어진 현실에 대한 해석과 변혁은 모든 학문의 사명이 아닐 수 없다.

한국의 민중신학도 예외가 아니다. 민중 사건, 한국 교회의 민중 선교운동이 민중신학보다 먼저 있었다. 현실에 대한 신학적 성찰이 민중신학으로 귀결된 것이다. 민중 사건과 민중 선교에 대한 신학적인 반성이 민중신학으로 열매를 맺은 것이다.

민중신학을 바르게 이해하기 위해서는 한국 근대사에서 민중의 사회적 등장 과정과 한국 교회의 민중 선교에 대한 이해가 먼저 있어야 한다.

이승만 독재정권에 항거하여 일어난 4·19 혁명은 이듬해에 터진 5·16군사 쿠데타에 의해 무참히 짓밟혔다. 총칼로 정권을 장악한 군사정부는 '조국의 근대화'를 슬로건으로 내걸고 5개년 단위로 경제개발 정책을 지속적으로 추진했다.[51] 해외 자본과 저임금 정책을 두 축으로 강행된 경제개발 정책은 한국 경제의 고도성장을 가져왔으나, 외자 의존도를 높이고 빈부격차를 심화시키는 부작용을 남겼다.[52]

국내 자본과 원자재가 열악한 상태에서 수출 주도형 경제성장 정책을 추진하다보니 해외 자본 의존도가 심화되었으며, 노동자의 저임금에 의존할 수밖에 없었다. 제조업 노동자들은 세계 최장의 노동 시간, 열악한 노동 환경, 최저 임금에 시달

---

51) 1차 경제개발 5개년 계획 기간(1962-66)에는 연평균 8.5%, 2차 경제개발 5개년 계획 기간(1967-71)에는 연평균 11.4%의 고도성장을 했다(隅谷三喜男, 『한국의 경제』, 한울, 1983, 11쪽 참조).
52) 1973년 제조업 분야에서 한국 노동자들의 임금 수준은 미국의 1/15, 일본의 1/7에 불과했다. 주 56시간이라는 세계 최장 노동 시간에 시달리면서도 한국의 노동자들은 열악한 작업 환경과 저임금에 시달려야 했다(隅谷三喜男, 위의 책, 11-68쪽).

려야 했다. 이것이 당시 노동자들의 모습이었다.

1970년대에 접어들면서 빈부격차의 극대화로 그 동안 축적되어 온 사회적 모순과 계층 간의 갈등이 사회 전반으로 확산되었다. 경제성장의 실질적인 주역이었던 근로자, 농민, 도시 빈민은 분배 과정에서 완전히 소외되었고 경제성장의 실질적인 혜택은 소수 자본가와 지배 계층이 독점했다. 경제성장의 주역이면서 그 혜택에서 배제당한 민중은 근대화의 타자(他者)로 전락했다.

이러한 때에 '전태일 사건'이 터졌다. 1970년 11월 13일이다. 청계천 5가에서 봉제공으로 일하던 전태일은 근로자들의 저임금과 열악한 근로 환경에 항거하는 뜻으로 동료 근로자들과 더불어 "우리는 기계가 아니다"라는 현수막을 들고 시위를 하다가 분신(焚身)했다. 노동자들의 인간다운 삶을 위해서 자신의 목숨을 과감히 내던진 것이다.

노동자 전태일의 분신 사건은 사회 전반에 걸쳐 큰 충격을 주었고, 이를 계기로 그 동안 쌓였던 사회적인 모순과 민중의 생존권 투쟁이 들불처럼 전국으로 퍼져나갔다. 사회적 모순에 등을 돌리고 그 동안 개인 영혼 구원을 선교의 전부로 삼았던 한국 교회는 긴 잠에서 깨어났다. 기독교의 사회적 책임과 소외된 사회적 약자들의 생존권과 인권을 위한 사회 선교에 한국 교회가 서서히 눈을 돌리기 시작한 것이다.

한국기독교교회협의회(NCCK)53)가 사회 선교 차원에서 도시 빈민과 산업체 근로자들의 생존권 보장 문제에 관심을 기울이기 시작했고, 그들과 연대하여 민중 생존권 투쟁에 참여했다.54) 도시산업 선교(UIM)55)는 '하나님의 선교(Missio Dei)' 신학에 이론적인 바탕을 두고 빈민 선교운동을 전개했다. '하나님의 선교' 신학은 교회와 세계, 신앙과 삶이라는 이분법적인 경계를 해체한다. 하나님께서는 교회뿐만 아니라 또한 이 세계를 구원하신다는 신학적 입장을 견지한다. 하나님의 구원사업은 개인 영혼 차원에 국한된 것이 아니고 사회에서 소외된 민중을 포함하여 창조세계 전반에 걸쳐 진행된다는 것이다.

---

53) 당시 'NCCK'에 대한예수교장로회(통합), 감리교, 한국기독교장로회, 성공회, 복음교회, 구세군 등이 참여했다.
54) 한국기독학생총연맹(KSCF), 수도권 특수지역 빈민 선교, 도시산업 선교(Urban Industrial Mission)가 그 대표적인 예다.
55) 'UIM'은 사울 알렌스키의 지역조직 이론, 파울로 프레이리의 피압제자의 페다고지(Pedagogy do the Opressed), 라우쉔부시의 사회복음(Social Gospel)에 이론적 근거를 두고, 공장 근로자들과 도시 빈민들을 조직해 민중의 생존권을 위한 경제투쟁을 전개했다.

민중신학자 현영학은 당시의 민중 경험을 다음과 같이 술회하고 있다:

어느 날, 날이 어두워진 다음에 똥물이 흐르는 청계천 둑을 따라 빈민선교회의 장소인 판잣집으로 가는 길이었다. 많은 사람들이 둘러서서 싸움구경을 하고 있었다. 옷은 다 찢어져서 거의 발가벗다시피 되었다. 서로 머리채를 휘어잡고 밀고 당기면서 생전 들어본 일도 없는 흉악한 욕설을 계속 퍼붓고 있었다. 싸움의 원인은 쉽게 알아차릴 수 있었다. 그들은 창녀였다. 한 아이가 다른 아이의 단골손님을 모셔다가 접대한 것이 화근이 되었다. 그중에 얼마를 포주에게 뜯기고 얼마가 그들에게 돌아가는지 알 수 없었다. 너무도 더럽고 치사하고 잔인하고 저주스러운 장면이었다. 세상에 이럴 수가! 나는 창자가 꼬이면서 통증과 역겨움이 치밀어 오르는 것을 느꼈다. 그날 회의에서는 아무 말도 귀에 들어오지 않았다. 멍청하게 앉아있기만 했다.[56]

민중신학자들은 민중 경험을 통하여 가난이 인간을 얼마나 비인간적으로 만드는가를 체험했다. 빈민 선교나 사업 선교에 종사하는 활동가들은 민중과의 '연대적 삶'을 선교의 주요 과

---

56) 현영학, 「민중, 고난의 종, 희망」, 『1980년대 한국 민중신학의 전개』, 한국신학연구소, 1990, 15쪽.

제로 삼았다. 그들은 이러한 연대운동에 참여하는 과정에서 사상범으로 몰리기도 하고, 감옥에 갇히기도 했다.

한국 교회는 민중 선교와 더불어 군부독재정권에 항거하는 민주화와 인권 회복을 위한 정치투쟁에도 앞장섰다. 민중의 문제는 곧 정치 체제와 밀접한 연관성이 있기 때문이었다. 유신헌법 철폐, 긴급조치 해제, 언론탄압 중지, 구속인사 석방, 민중의 생존권 보장 등의 구호들은 당시 한국기독교교회협의회 소속 교회와 성직자들이 정치투쟁을 하는 과정에서 내걸었던 중요한 이슈들이었다. 이러한 한국 교회의 민중 선교와 정치투쟁 과정에서 민중신학이 태어났다.

1974년 11월, 민중신학자들[57]은 '한국 그리스도인의 신학적 성명'을 발표했다. 이들은 이 성명서에서 세 가지의 물음을 던졌다. 첫째, 국가 권력은 자신의 한계를 인정하고 있는가? 둘째, 정의를 위해서 권력을 사용하고 있는가? 셋째, 하나님으로부터 나온 민중의 천부적인 인권과 기독교인의 신앙 행위가 현 정권하에서 보장받고 있는가?

---

57) 초창기의 민중신학을 대표하는 학자로는 현영학, 서남동, 안병무, 문동환, 서광선, 한완상, 김용복 등이 있다.

안병무의 근본주의 비판

안병무의 성서해석학은 기성 교회의 성서해석에 대한 비판적인 성찰에서 시작된다. 한국의 기성 교회들은 일반적으로 근본주의(Fundamentalism)에 입각해 성서를 해석했다. 근본주의는 웨스트민스터 신앙고백을 구성하고 있는 교리(Dogma)에 정당성을 부여하기 위해 성서를 하나의 방편으로 읽었다. 신앙고백서에 나타난 교리의 권위를 하나님 말씀으로 확고히 하기 위해 성서를 하나의 도구로 이용했던 것이다.

기독교 근본주의자들의 성서를 보는 눈은 문자무오설(文字無誤說)과 축자영감설(逐字靈感說)로 요약된다. 성서는 글자 하나하나가 하나님의 영적 감동에 의해서 쓰여진 하나님의 말씀이기 때문에 절대 오류가 있을 수 없다는 것이 주 내용이다. 근본주의자들은 성서 문자에 절대권위를 부여하면서 실상은 그것에 기대어 자기들이 내세우는 교리의 정당성을 옹호했다. 성서가 언제 어떻게 쓰여졌는가? 성서 말씀 자체가 의미하는 바는 무엇인가? 성서에 대한 어떤 물음도 근본주의에서는 허용되지 않았다. 근본주의자들은 이러한 행위들을 불신앙으로 보고 비판했다. 근본주의적인 성서해석은 현대인에게 '지성의 희생(sacrificium intellectus)'을 강요했다. 한국 교회의

반지성주의(反知性主義) 경향은 이러한 근본주의의 신앙과 무관하지 않음을 안병무는 날카롭게 비판했다.58)

사람들은 성서를 오랫동안 생활을 위한 교과서로 읽었다. 그래서 성서 안에서 윤리의 규범을 찾으려 했다. 성서에 입각해서 우주관을 세우려 했던 중세 교회의 지도자들은 성서의 천동설에 반대하여 지동설을 주창한 코페르니쿠스와 갈릴레이를 사탄의 후예처럼 생각했다. 다윈이 진화론을 주장했을 때에도, 그들은 천재지변이라도 난 것처럼 대소동을 벌였다. 「창세기」에 따르면 하나님은 처음부터 인간을 창조했지, 동물이 진화해서 인간이 되었다고 말하지 않기 때문이다. 진화론에 기초한 자연과학은 지구의 역사를 150억 년으로 추산한다. 지구상에 생명이 출현한 역사를 35억 년, 인간의 출현을 3백만 년 정도로 추산한다.

그러나 성서의 기록에 근거하여 지구 역사를 추산하면 고작 6천 년 정도가 된다. 그래서 문자무오설에 근거한 근본주의자들은 지구의 역사를 6천 년으로 굳게 믿으며, 현대 과학의 성과를 부정한다. 지금도 창조과학회를 비롯한 상당수의 기독교

---

58) 안병무, 『역사와 해석』 대한기독교출판사, 1983, 26-28쪽;『민중신학을 말한다』 서울: 한길사, 1993, 55쪽 참조

인들은 진화론을 공박하며 창조론의 정당성을 주장한다.

만약 중학교 교과 과정 정도의 상식과 지성을 갖춘 사람이 「창세기」를 읽는다면, 그는 아마도 첫 장부터 회의에 빠질 것이라고 안병무는 말한다. 중학교 교과서에서 배운 진화론적 관점으로는 「창세기」에 나오는 세계 창조의 과정을 전혀 이해할 수 없기 때문이다.

「창세기」에는 창조에 대한 두 가지 서로 다른 자료가 나온다. 1장에 의하면 모든 피조물이 창조된 맨 마지막에 인간이 창조된다. 그러나 2장을 보면 오히려 반대로 인간이 모든 피조물에 앞서 제일 먼저 창조된다.

아담이 인류의 첫 사람이라는 진술도 곧 모순에 부딪히게 된다. 아담의 장자인 가인이 추방당한 후에 다른 지역에서 결혼을 하고 한 씨족을 이루었다는 진술이 이어지기 때문이다. 아담을 만약 연대기적 조상으로 받아들인다면, 논리적으로는 아벨이 죽었으니 지구상에는 세 사람만이 생존해 있어야 한다. 그렇다면 가인은 누구와 결혼을 했을까?

흥미로운 사실은 「창세기」 저자는 이러한 모순을 은폐하지 않았다는 것이다. 왜 그런가? 성서의 저자는 인류의 기원을 과학적으로 밝히려는 목적에서 「창세기」를 쓰지 않았기 때문이다. 「창세기」 저자는 하나님 앞에 선 인간(아담) 실존의 모습을 밝히는 데 목적이 있었다.

안병무는 노아 홍수 이야기에서도 동일한 모순을 발견했다.[59] 과학자는 성서의 기록대로 어느 시대에 큰 홍수가 있었다는 사실을 증명하기 위해 지질학·고고학적 탐사를 할 수 있었다. 그러나 그 결과 그 홍수는 어느 특정 지역에 한정되어 있었음을 알게 된다. 그럼에도 불구하고 성서는 이를 전 인류의 심판이라고 한다.

「창세기」 저자는 홍수 이야기를 역사적인 사건으로 기록하는데 목적이 있지 않았다. 홍수의 원인을 인간과 하나님의 관계적 지평에서 설명한다. 곧 인간의 죄악에 대한 하나님의 진노와 심판이 홍수로 나타났다는 것이다.[60]

---

59) 「창세기」 7-8장.
60) 안병무, 『역사와 해석』 31쪽. 안병무는 홍수 이야기를 다음과 같이 평가한다. "이 이야기 자체는 시대적 제약을 받고 있다. 비과학적이다. 그러나 성서는 이러한 민담을 도구로 위대한 사상을 선언한다. '이 역사는 하나님의 은혜에 의해서 성립되며 존속한다'는 것이다. 이것은 성서를 꿰뚫는 큰 테마다."

안병무는 근본주의적인 성서해석에서 나타나는 반(反)지성주의를 경계하면서, 문자 자체를 우상화하지 말고 문자가 담긴 영적인 의미를 탐구해야 한다고 생각했다. 성서는 하나님의 말씀을 담고 있다. 그러나 성서 문자가 곧 하나님의 말씀은 아니다. 성서의 문자는 어디까지나 인간의 언어다. 구약은 히브리어로, 신약은 헬라어로 씌어졌다. 문자는 하나님의 말씀을 담는 그릇이요, 방편에 해당된다. 성서 문자에 매달리면, 그 문자가 표현하고자 하는 뜻(하나님 말씀)을 잃게 된다. 뜻을 잡으면 문자를 버려야 한다. 문자는 '달을 가리키는 손가락[指月]'에 비유된다. 손가락은 달을 가리키는 수단이지 달 자체가 아니다.

서구 정통주의 신학 비판

안병무는 서구 정통주의 신학을 비판한다. 정통주의(Orthodoxie)는 원래 로마 가톨릭과 동방 정교회에서 유래했다. 정통주의란 이단(異端)과 신학의 정통성 논쟁을 하는 가운데서 형성되었다. 이단 교리에 대립되는 '바른 교리', '바른 신앙'을 수호하는 것이 정통주의이다.

개신교에서 정통주의는 종교개혁 시대로 거슬러 올라간다.

마틴 루터는 '두 왕국론(Zwei Reich Lehre)'을 주창했다. 신앙 / 이성, 은총 / 자연, 교회 / 국가의 영역을 둘로 나누어 놓고 신앙과 은총의 영역은 교회가, 그리고 이성과 자연의 영역은 국가 권력이 책임지도록 하였다. 교회와 국가 사이의 역할 분담론을 주장한 것이다. 이러한 이유로 루터는 국가 권력에 항거하여 독일 농민 전쟁을 주도한 토마스 뮌처를 이단으로 몰았다.

기독교 정통주의는 19세기에 접어들면서 근본주의의 모습을 띠기 시작했다. 그리고 20세기에 들어와서는 칼 바르트(K. Barth)를 위시한 신정통주의(Neo-Orthodoxie) 신학으로 모습을 드러냈다. 신정통주의는 성서의 문자 자체를 하나님의 말씀으로 숭배했으며, 모든 인간이 하나님의 말씀 아래 서 있음을 강조했다. 그들에게 있어 성서에 대한 비평적 해석은 있을 수 없다. 인간은 오로지 하나님의 말씀을 듣고 복종할 의무만 있을 뿐 인간의 자유의지가 설 자리는 없다.

신정통주의 신학은 그리스도를 이 세상 위에 군림하는 왕으로 고백한다. 그러면서도 정치 현실에 대해서는 일체 문제를 제기하지 않는다. 그것은 세상 권력의 소관이라는 것이다. 신정통주의는 그리스도를 세상 위에 군림하는 왕으로 고백한다. 또한 그리스도를 세상 종교나 문화와 철저하게 대립적인 관계에서 이해한다.

안병무는 세상 위에 군림하는 그리스도가 아니라 세상을 섬기고 민중을 섬기는 종으로 오신 그리스도에 관심을 갖는다. 다른 종교나 문화도 그리스도와 적대적인 관계로 보기보다는 상생적(相生的)인 관계에서 본다. 그는 문화나 종교를 포함한 인간 삶 전체 영역이 그리스도의 활동 무대로 생각한다.[61]

안병무는 신학의 본래 자리를 어디에서 찾았을까? "신학은 본래부터 왕좌에 앉는 영광의 학문도 아니며, 지배자의 이론도 아니며, 지배자를 위한 것도 아니며, 교권을 위한 것도 아니다. 그것은 사실상 수난자의 것이요, 눌린 자의 것이며, 섬기기 위한 것이다."[62]

마지막으로 안병무가 비판의 대상으로 삼은 것은 서구 기독교의 자유주의 신학이다. 자유주의 신학은 계몽주의의 비판 정신을 신학의 주요한 도구로 삼았다. 그들은 성서를 해석하는 데 있어서 신앙보다 인간의 이성과 합리성을 높게 평가하

---

61) 안병무, 『기독교의 개혁을 위한 신학』, 서울: 한국신학연구소, 1999, 360쪽.
62) 위의 책, 361쪽.

고, 성서를 해석하는 데 있어서도 이성적으로 이해할 수 없는 이야기들은 모두 신화로 돌렸다.

다른 한편으로 자유주의 신학은 기독교 신앙과 세속적인 문화 사이의 화해를 모색했다. 그들은 '문화와 대립되는 그리스도(Christ counter Culture)'나 '문화 위에 군림하는 그리스도(Christ above Culture)'를 숭배하는 신정통주의 신학을 지양하고, '문화의 그리스도(Christ of Culture)'를 주창했다. "문화는 종교의 형식이요, 종교는 문화의 실체다"라는 틸리히(P. Tillich)의 명제는 기독교 복음과 서구 문화 사이의 밀접한 관계성을 잘 설명해 준다.[63]

그러나 자유주의 신학은 종교를 단순히 '사적인 일(private Sache)'로 규정함으로써, 기독교의 사회·역사적 책임을 도외시하였다. 근대성, 계몽, 과학과 합리적 사고에 신학을 적응시키기에 급급했던 자유주의 신학은 이분법적인 신앙 논리를 폈다. 인간의 일상적인 삶의 문제는 국가 권력이 맡고, 인간 내면의 영혼 문제는 교회가 책임져야 한다고 생각했다.

---

63) 틸리히(P. Tillich)는 『문화 속의 기독교 *Christianity in Culture*』에서 기독교와 문화의 상관관계에 대해서 말한다.

국가 권력과 기독교 사이의 역할 분담론은 교회를 민중으로부터 분리시키는 결과를 초래했다. 동시에 자유주의 신학은 교회가 민중의 아픔을 외면하는 하나의 아편 기능을 하도록 방치했다. 자유주의 신학은 기독교를 공공성(公共性)을 상실한 '개인의 사사로운 종교'로 만들었다. 그들은 인간의 실존적 위안을 주는 도피처 정도로 기독교를 생각했다. 안병무는 자유주의 신학이 민중의 고통을 유발시키는 사회·정치적 구조악(構造惡)에 대해 무기력했다고 비판하였다.

민중신학의 태동

서남동, 안병무, 현영학, 서광선, 문동환, 김용복, 한완상, 허병섭 등은 초창기에 민중신학을 선도했던 학자들이다.[64] 자

---

64) 서남동은 성서의 민중 전통과 한국 역사의 민중 전통의 합류를, 안병무는 「마가복음」에 등장하는 오클로스(민중) 신학을, 현영학은 한국 민중의 가면극에 나타난 민중의 해학을, 문동환은 민중 교육의 의식화 운동을, 서광선은 민중 종교의 사회학적 현상을, 김용복은 민중의 사회전기(Social Biography)를, 한완상은 즉자적(卽自的) 민중과 대자적(對自的) 민중의 상호 관계성을, 허병섭은 민중 현장의 신학화 작업을 민중신학의 주요 테제로 삼았다. 당시 김지하의 희곡 「금관의 예수」는 민중신학자들에게 큰 영향을 끼쳤다. 이 희곡에서는 거지, 창녀, 문둥이, 술주정뱅이와 같은 사회의 밑바닥 민중들이 콘크리트에 갇혀 있는 예수의 머리에서 금관을 벗겨냄으로써 예수를 살리는 것으로 표현되어 있다.

신들이 경험한 민중 사건을 강단에서 증언하고 신학적인 언어로 형상화하는 과정에서 민중신학이 태어나게 되었다. 민중신학자들은 1970년대 중반부터 1980년대 중반까지 한 달에 한 번씩 정기적으로 한국신학연구소에 모여 자신들의 민중사건과 민중 경험을 서로 나누고 발표하면서 공동으로 신학화 작업을 진행했다. 이러한 작업의 결과물이 민중신학으로 결실을 맺게 되었다.

민중신학이라는 개념을 학문적으로 제기한 사람은 서남동이다.[65] 세계 신학계의 새로운 동향을 한국 신학계에 소개하는 일에 충실했던 서남동의 별명은 '신학의 안테나'였다.[66] 민중신학으로 선회한 서남동은 성서의 민중 전통, 교회사의 민중 전통 그리고 한국 역사의 민중 전통이 하나로 합류되는 사건이 오늘의 민중 사건이요, 그것을 신학적으로 증언하는 것이 민중신학의 과업이라고 생각했다.

---

65) 서남동, 「예수, 교회사, 한국 교회」, 『기독교사상』 7월호, 1975, 53-68쪽.

66) 1960년대 이후로 서남동은 본회퍼의 '세속화 신학'을 비롯하여 불트만의 해석학적 신학, 테야르 드 샤르댕의 과정신학, 불트만의 희망의 신학, 판넨베르크의 역사로서의 계시신학, 알타이저의 신의 죽음의 신학 등 서구 진보주의 현대신학의 조류를 국내에 소개하는 데에 큰 역할을 했다. 그가 쓴 『전환시대의 신학』, 한길사, 1979 참조.

서남동은 기독교의 민중
이야기와 한국 역사의 민중
이야기가 1970년대 한국의
민중 사건에서 합류했다고
생각했다. 그는 특히 전태일
사건과 김지하에게서 두 이
야기의 합류를 경험했다. 그
는 민중신학을 한국 민중의
부르짖음에 대한 신학적 메
아리로 간주했다. 서남동은
현실에서 만나는 민중의 고

민중신학 심포지엄에서.

난에 동참하는 것이 곧 메시아를 영접하는 행위라고 생각했
다. 동시에 민중과의 연대적 실천을 통해서 메시아의 은총을
체험할 수 있다고 보았다.[67]

안병무는 민중신학이 어떻게 태어났는지, 그 사회역사적
배경에 대해서 다음과 같이 요약했다.

민중신학은 서재에서 나온 사변이 아니고, 한국의 정
치 현장에서 형성된 역사적인 산물이요, 신학적인 귀결이

---

67) 서남동, 『민중신학의 탐구』, 한길사, 1984 참조.

다. 구체적으로는 군사정권이 수립된 이래 그들의 탄압
밑에서 그 정체를 드러낸 민중과의 만남과, 그들의 고난
에 어떠한 형태로든 참여한 결과가 민중신학을 낳았다.[68]

민중신학의 방법론

① 안병무의 민중신학은 상아탑에서 형성되지 않았다. 민
중 사건을 증언하는 데서 형성되었다. 따라서 그의 민중신학
적 방법론은 주도면밀한 신학의 논리를 펼치기보다는, '지금
여기에서(hic et nunc)' 경험되는 오늘의 민중 사건을 신학적
으로 증언하는 데에 더 큰 비중을 두었다.

그런 면에서 그의 신학은 불트만의 '현재' 우위적인 신학과
맥을 같이한다고 볼 수 있다. 불트만 신학에서 성서 텍스트
(과거)보다 독자의 실존적 상황이 우위를 차지한다면, 안병무
에게 있어서는 독자가 경험하는 민중 사건이 텍스트보다 우
위를 차지한다. 불트만 신학의 방법론이 실존적 자기이해와
결단에 초점을 맞추었다면, 안병무는 민중 사건의 경험과 참
여에 초점을 맞추었다. 바로 이 점에서 양자 사이에 동일성과
차이가 나타난다.

---

68) 안병무, 「민중신학의 회고와 전망」(미발표 글).

사회정치적 구조악(構造惡)에 의해서 철저하게 억압과 수탈을 당하는 민중, 그러면서도 역사에서 사라지지 않고 끊임없이 생명을 이어가는 민중, 그 민중은 안병무에게 계몽의 대상도 아니고, 구원의 대상도 아니다. 민중이야말로 역사의 주체요, 참 생명의 원천이며, 삶의 개척자다. 안병무의 민중신학은 민중 사건에 대한 철저한 신학적 성찰에서 시작된다. 그것은 곧 서구적 신학 방법론에서의 탈출(Exodus)을 뜻한다.

② 서구 재래 신학과 달리 안병무는 예수 그리스도와 함께 민중을 신학의 주제로 설정하였다. 신학에 있어서 중심과 주변이라는 이분법의 경계를 해체하고, 지금까지 중심에 의해서 소외된 주변 '민중(오클로스)'을 신학의 새로운 중심 주제로 삼았던 것이다.

민중신학은 연역적(演繹的) 방법이 아니라 귀납적(歸納的) 방법을 택한다. 예수를 이해하는 관점은 신에서 출발하여 인간으로 내려오는 것이 아니라, 인간에서 출발하여 신으로 올라간다. 위에서 출발하여 아래로 내려오는 것이 아니라, 아래에서 출발하여 위로 올라간다.

'위로부터의 그리스도론'은 무엇인가? 예수의 본질을 하나

님의 아들, 천상의 로고스, 인자, 다윗의 자손 메시아에서 찾
는 것이다. 위로부터의 그리스도론에서는 예수의 신성(神性)
이 강조된다. 이와 다르게 '아래로부터의 그리스도론'은 예수
의 인성(人性)이 강조된다.

복음서가 전하는 예수의 특성을 안병무는 민중성(民衆性)
과 무명성(無名性)에서 찾는다. 예수는 출신으로나 삶의 패턴
에서 볼 때 전형적인 민중의 한 사람이었다. 그는 가난한 농
부의 아들로 태어나 성장하였으며, 민중과 동고동락하며 그들
의 삶의 동반자로 살았다. 사회의 밑바닥에서 천대받고 살아
가는 무명의 민중들, 곧 죄인, 창녀, 세리, 가난한 사람들, 병
자와 불구자들이 예수가 벌인 하나님 나라 선교의 주요 대상
들이었음에 안병무는 주목한다.

서구 신정통주의의 '하나님의 아들 그리스도론'에서 '민중
그리스도론'으로 안병무는 신학적 패러다임을 과감하게 바꾼
다. 그는 예수 그리스도가 하나님의 아들이라는 시각이 아닌
예수 그리스도가 민중의 아들이라는 시각에서 복음서를 읽는
다. '민중의 눈'은 안병무가 성서를 새롭게 읽는 새로운 출발
점이 되었다.[69]

③ 서구 신정통주의 신학은 하나님이 누구인가 하는 문제에 집중하였다. 하나님의 '본질(essence)'과 '실체(substance)'에 대한 규명이 신학의 주요 과제였다. 하나님 말씀에 근거한 삼위일체 신학이 대표적이다. 말씀을 중요시하는 서구 신정통주의 신학은 복음서 연구에서도 그대로 나타난다. 불트만은 성서 전체를 '선포된 말씀(케리그마)'으로 보았다. 그리하여 케리그마 신학을 완성하였다.

'태초에 말씀이 있었다.' 이러한 전통적인 서구 신학의 명제에 대응하여 안병무는 '태초에 사건이 있었다'는 새로운 명제를 내건다. 태초의 사건은 다른 것이 아니라 예수의 민중 사건을 의미한다. 그에게는 민중 사건이 하나님의 말씀, 곧 케리그마에 앞선다. 안병무에 따르면 복음서 저자는 다른 데가 아니라 민중 사건 속에서 만나는 하나님과 예수를 증언한다. 역사의 예수를 탐구하는 일은 사변화(思辨化)가 아닌 예수의 민중 사건에 참여하는 데 있다.[70]

---

69) 안병무, 「한국적 그리스도인 상의 모색」, 『신학 사상』 52호, 1986, 48쪽.

70) 안병무는 바울 신학도 그의 삶과 더불어 이해해야 한다고 역설했다. 그는 바울의 삶이 철저히 민중의 삶으로 점철되었다고 한다. 예수의 삶을 가장 철저하게 따른 사람이 바울이다. 바울은 감옥에도 여러 번 갔고, 무수히 구타를 당하고, 박해를 받고, 마침내 로마에 압송되어 그곳에서 처형되었다. 이러한 고난의 삶이 전제될 때

④ 안병무 신학의 방법론이 갖는 또 하나의 특징은 주객 이원론의 극복이다. 플라톤, 데카르트, 칸트로 이어지는 관념론의 세례를 받은 서구 재래 신학은 모든 사물을 둘로 쪼개어 보았다. 본질과 현상, 중심과 주변, 신과 인간, 인간과 자연, 자연과 역사, 이성과 감성, 육체와 영혼, 나와 너, 남자와 여자로 나누고 구분하였다.[71]

이 같은 주객 이원론은 신과 인간을 은혜를 베푸는 자와 은혜를 받는 자라는 상하 수직적 관계로 보았다. 이런 수직적 관계는 이에 따라 권력자와 민중 사이의 지배와 피지배 관계를 정당화한다. 사회의 계층화, 그리고 사제와 평신도라는 종교집단 내에서의 계층화 역시 이러한 이분법적 세계관과 연관되어 있다.

안병무는 주객 이분법을 한국적인 고유 개념인 '우리'를 매개로 극복하려 했다.[72] 민중 사건에서는 "나 없이 너 없고, 너

___

만이 바울 신학을 바르게 이해할 수 있다(안병무의 유고논문, 「민중신학의 회고와 전망」).

71) 서구 근대 사상 체계의 토대를 제공한 데카르트의 '에고(ego) 철학'은 칸트의 관념 철학으로 완성된다. 근대의 에고 철학이 제시하는 주관성의 계시 범주들은 인간을 외부 세계와 단절시키고, 전체로서의 세계를 '정신(res cogitans)'과 '물질(res extensa)'로 이분화 한다.

72) 안병무의 '우리'는 개인주의를 극복하는 측면이 있기는 하나, 우

없이 나 없다. 실제로 있는 것은 나와 네가 아니고 '우리'뿐이다."[73] '우리'는 개체들의 단순 복합을 뜻하는 영어의 'we'와는 그 의미가 다르다.[74] '우리'는 '울타리'에서 유래된 말인데, 그 개념은 한 울타리 안에 있는 운명공동체를 뜻한다. '우리'속에는 상하의 수직 관계나 주종 관계가 존재하지 않는다. 상호 유기적인 수평 관계만이 존재할 뿐이다. 민중은 평소에는 이기적인 동기에 의해서 행동하는 것 같아도 수난과 투쟁의 현장에서는 '우리'라는 운명공동체로 한 몸이 된다.[75] 우리가 창조하고, 우리가 노동하며, 우리가 세상을 만든다. 세계는 우리로써 존재한다.

리를 우리 아닌 타자(others)와 구별함으로써, 또 다른 형태의 이분법에 빠질 위험이 있는 것으로 필자에게는 생각된다.

73) 안병무, 「민중신학의 어제와 오늘」. '우리'는 본래 '울타리'에서 유래한다. 한 울타리 속에 있는 운명공동체가 다름 아닌 '우리'다. 서양적 사고에서는 '나'가 중심인데, 동양적 사고에서는 '우리'가 중심이다.

74) 영어에서 'we'나 일본어의 '와다시다찌'는 이기적인 개체들의 수평적인 집합을 가리킬 뿐이다. 'we'는 개인의 이익을 추구하는 게젤샤프트(Gesellschaft)이지 공동체의 이익을 추구하는 게마인샤프트(Gemeinschaft)가 아니다.

75) 방목하는 소는 집단으로 모여 뿔을 밖으로 향한 채 빙 둘러서 잠을 잔다. 말은 이와 반대로 머리를 안으로 뒷발을 밖을 향해 둔 채 빙 둘러서 잠을 잔다. 적의 침입에 말은 뒷발로, 소는 뿔로 방어하기 위해서다. 안병무는 민중 사건을 자기방어를 위한 운명공동체의 모습에서 보았다.

성서는 너와 나의 이분법을 모른다. 성서적 인간은 개체가 아니라 '우리'로 존재한다. 안병무에 따르면 「창세기」에 나오는 '아담'은 한 개체라기보다는 인간을 가리키는 집단적(corporative) 표상이다. 인간을 가리키는 히브리어 '아담(adam; homo)'은 흙을 가리키는 '아다마(adama; humus)'에서 유래했다. 흙과 인간은 둘이 아닌 상호 운명공동체를 형성한다.

인간과 자연은 개체로 존재하지 않고 우리로 존재한다. 하나님(elohim)도 개체가 아니라 '우리'다. 하나님은 우리와 같은 형상으로 사람을 만들자고 결의했다(창 1:26). 인간과 인간의 관계도 '우리'요, 인간과 자연의 관계도 '우리'다. 인간과 하나님의 관계도 '우리'다. 구약성서의 세계에서는 신과 자연과 인간이 따로 존재하지 않고 '우리'로 존재한다. 또한 우리로서 하나님의 구원의 역사를 이루어간다.[76]

안병무는 민중의 고난에 참여함으로써 민중과 하나되는 '우리' 의식을 갖게 되었다. 예수와 민중도 물론 우리의 관계로 이해된다. 안병무는 예수는 구원의 주체요 민중은 구원의

---

[76] 기독교 신학은 유일신론을 내세워 신을 절대화하고, 신을 피안의 세계로 추방시켜 인간과 자연에서 신을 격리시켰다. 그리고 민중을 억압하는 기득권자들의 지배 이데올로기로 신을 이용했다(안병무, 「민중신학의 회고와 전망」).

객체로 보는 이분법을 거부한다. 그 대신에 주객이 해체된 '우리'의 틀에서 예수와 민중의 관계를 새롭게 보았다. 갈릴래아의 예수는 공생애 동안 민중(오클로스)에게 둘러싸여 살았다. 그는 민중 위에 군림하지 않고 그들의 동반자(Partner)로 살았다.[77] 안병무는 예수와 민중을 주객 이분법의 관계가 아니라 '우리'라는 운명공동체의 관계로 파악했다.

안병무는 유일신(Monotheism)의 지평에서 구약의 하나님을 보려는 관점을 거부한다. 서구 신학의 유일신 사상은 다윗의 통일왕국 시대와 연관이 있다. 다윗은 이스라엘 12부족을 통합하여 통일 군주국을 건설했다. 서로 다른 부족들을 통치하기 위해서는 단일한 통치 철학이 필요했을 것이다. 야훼 유일신 신앙은 왕국의 필요에 의해 형성되었다. 유일신 신앙에는 배타성이 엿보인다. 우선 야훼 외에 다른 어떤 신도 인정하지 않는다. 유일신 신앙 밑에서 다윗은 이스라엘 민족을 다른 민족과 나누고, 지배 계층과 피지배 계층으로 나눴다. 야훼 하

---

77) 기독교 신학이 예수를 신격화하고 예배의 대상으로 삼을수록, 예수는 인간과 자연으로부터 격리되고 마침내 탈역사적인 무능한 존재가 되고 만다. 도스토예프스키의 『대 심판관』에서처럼, 안병무는 기독교가 예수를 현실 생활에서 완전히 추방하고, 예수 없는 독자적인 왕국을 건설했다고 비판했다(안병무, 「민중신학의 회고와 전망」).

나님의 지상 대리인을 자처한 다윗왕조는 권력을 휘두르며 이스라엘 백성의 억압적 통치를 야훼 하나님의 이름으로 정당화했던 것이다.

이런 유일신 신앙의 유산을 이어받은 기독교는 근대에 접어들면서 서구와 그 외의 지역을 주체와 객체로 나누고, 계몽과 문명의 이름으로 서구 열강들의 식민지 침략과 수탈을 정당화했다. 안병무는 서구 신학의 유일신 신앙과 주객 이분법에 내재한 제국주의적이고 식민주의적인 사상을 주목했다.

주객 이분법은 예수를 이해하는 데에도 그대로 적용되었다. 서구 기독교 전통이 예수의 신성과 유일성을 강조할수록 예수는 인간과 역사로부터 그만큼 더 멀어져갔다. 그리하여 마침내 예수는 인간의 현실적 삶과 무관한 비역사적인 존재로 바뀌게 되었다. 제도화된 기독교는 예수를 추방했으며, 그 후에 자신들만의 배타적인 기독교 왕국(Christentum)을 건설했다. 예수 없는 기독교를 만든 것이다. 기독교의 배타성은 결국 배자성(排自性)으로 귀결된다.

⑤ 예수는 우리를 참 생명의 길로 안내한다는 점에서 그리스도다. 안병무는 역사에서 예수만큼 민중적인 인물을 찾아보

기 힘들다고 했다. 예수는 갈릴래아에서 민중(오클로스)에 둘러싸여 그들의 요구에 응답하는 삶을 살았다.

예수 공생애의 많은 부분을 차지하는 치유의 기적은 예수가 초능력자임을 과시하려는 데 목적을 두지 않았다. 예수는 병자들을 치유하는 대가를 요구하지 않았다. 어떤 윤리·종교적인 조건을 내걸지도 않았다. 예수는 그저 "네 믿음이 너를 낫게 하였다", "네가 너를 낫게 했다"고 말할 뿐이었다. 병을 치유하는 참 생명의 기운은 병자 밖에 있는 것이 아니라 그 사람의 내면에 있다는 것이다. 여기에서 믿음은 자기 자신 안에 들어있는 치유력에 대한 철저한 긍정과 신뢰를 나타낸다. 참 생명의 원천, 곧 치유의 능력은 민중과 예수의 만남에서 가능하게 된다. 그런 의미에서 안병무는 「마가복음」의 기적 이야기들을 예수 개인의 자서전(Auto-Biography)이 아니라, '민중의 사회 전기(Social Biography of Minjung)'라는 시각에서 읽는다.78)

⑥ 안병무는 불트만에게서 '사건(Ereignis)' 개념을 빌려왔다. 불트만에 따르면 하나님의 구원 사건으로서의 십자가 사

---

78) 안병무, 『사회학적 성서해석』, 서울: 한국신학연구소, 1991, 177쪽.

건은 시공을 초월하여 보편적인 의미를 지닌다. '십자가 사건'
은 신앙을 통해서 그 의미가 현재화될 때에 비로소 우리와 실
존적인 관계를 맺게 된다. 그렇다면 오늘날 우리는 어디에서
현존의 예수를 만날 수 있는가? 예배 속에서다.[79] 부활은 무
엇인가? 그것은 십자가 사건의 '의미 사건' 외에 다른 것이
아니다. 십자가와 부활 사건은 예배의 설교(케리그마)에서 현
재화된다는 것이 불트만의 지론이다.[80]

이와 달리 안병무는 예수의 활동 속에 나타나는 하나님의
의지(Gottes Wille)를 하나의 사건(Ereignis)으로 이해한다.[81]
'이웃을 사랑하라'는 계명은 하나님을 사랑하라는 계명의 현재
화이고, 이웃 사랑의 실천 속에서 하나님의 역사 개입은 완성
된다. 안병무는 수직적인 하나님 사랑이 수평적인 이웃 사랑을
만나 불꽃을 일으킬 때에 계시 사건이 발생한다고 보았다.

불트만이 예배시의 설교 말씀에서 하나님(초월)을 만날 수

---

79) R. Bultmann, *Kerygma und Mythos*, Bd. I, Hamburg, 1960, 67쪽.
80) 위의 책, 70쪽.
81) Ahn Byungmu, *Das Verständnis der Liebe bei Kung-tse und bei Jesus*,
   Heidelberg, 1965, 97쪽. 예수는 세리와 죄인들과 함께 함으로써
   하나님의 구원 의지를 실현했다. 이러한 역사적 예수의 삶의 양식
   으로부터 안병무는 인간이 지켜야 할 일반적인 윤리 규범들을 도
   출했다.

있다고 말한다면, 안병무는 민중 사건에 참여함으로써 하나님
(초월)을 만날 수 있다고 말한다. 사건은 혼자 일어나지 않는
다. 사건에는 관계적이고 집단적인 의미가 들어있다. 예수 사
건은 민중 언어로 표현된다.[82) 당시 민중은 정치적인 박해하
에 있었기에 자신들이 경험한 예수 사건을 공식적인 루트를
통해서가 아니라 유언비어로 전할 수밖에 없었다. 예수는 하
나님의 아들이라는 교리(도그마)가 교회의 권위를 중시한 교
권주의자들에 의해 전승되었다면, 예수 사건은 무명의 민중에
의해서 전승되었다. 안병무에 따르면 케리그마가 역사적 예수
를 은폐하고 탈역사화한 반면, 복음서가 전하는 예수 이야기
들은 상대적으로 역사적 예수의 흔적들을 많이 담고 있다.[83)

안병무는 이원론적 삶을 극복할 수 있는 장소로 '몸'을 제
안했다.[84) 몸은 인간이 세계와 만나는 장소요, 동시에 하나님
과 만나는 장소다. 민중 사건에 참여함으로써 예수와 민중이

---

82) 『현존』 108호, 1980, 8-22쪽.

83) 안병무, 「예수 사건의 전승 모체」, 『신학 사상』 47호, 1984, 121
쪽. 「고린도전서」 15장에 기록되어 있는 케리그마의 정형구(定型
句)에 따르면 케리그마는 언제, 어디서, 누구에 의해서 예수가 죽
게 되었는가를 묻지 않는다. 「고린도전서」 15장은 부활의 첫 증언
자로 베드로가 등장하며, 여성이 전혀 등장하지 않는다. 이는 막
달라 마리아를 부활의 첫 증언자로 기록하고 있는 「마가복음」 16
장과 큰 차이를 드러낸다.

84) 안병무, 『성서적 실존』, 서울: 한국신학연구소, 1982, 48-58쪽 참조

하나가 되고, 나와 민중이 하나가 되는 주객일체의 '몸 체험'을 통해 우리는 비로소 주객 이분법을 극복할 수 있다.[85] 이와 연관성 속에서 안병무는 「다니엘」에 나오는 인자(人子) 표상에 근거하여 예수에게 붙여진 메시아적 칭호들(하나님의 아들, 로고스, 인자, 메시아)을 집단적으로 해석할 수 있는 길을 터놓았다.[86] 예수와 민중은 개체로 존재하는 것이 아니다. 관계적 존재로서 예수 사건 속에서 한 몸을 이룬다.

민중신학의 성서해석

"예수는 하나님 나라가 곧 오리라고 선포했는데, 도래한 것은 교회였다"는 로이시(Loissy)의 명제는 역사적 예수와 교회에 의해서 예배의 대상으로 선포된 그리스도 사이에 간격이 있음을 보여준다.

---

85) 인간이 몸이듯이 우주 또한 한 몸이다. 150억 년 동안의 우주 역사에서 지구상에 생명이 탄생한 것은 35억 년 전의 일이다. 유기물과 단백질의 형성, 그리고 최초의 자기복제 체제를 통해 생명이 탄생되었으며, 이것이 무수한 진화 과정을 거쳐 자기가 누구인가를 인식할 수 있는 인간이라는 종의 탄생까지 이어졌다. 따라서 모든 생명체는 동일한 뿌리를 가진다. 러브록 교수의 '가이아 가설'에서 볼 수 있듯이 지구 자체가 하나의 거대한 생명체다. 다시 말해 주객 이분법적 사유에서 주객일체의 사유로, 인간 중심의 사유에서 생명 공경의 사유로 과감한 패러다임의 전환이 있어야 한다.
86) 안병무, 「마가복음에서 본 역사의 주체」, 『민중과 한국 신학』, 한국신학연구소, 1982, 177-80쪽.

역사적 예수의 메시지는 하나님 나라에 집중되어 있다. 하나님 나라는 기존의 세계 질서, 곧 로마 통치에 대립되는 대안적 질서를 뜻한다. 예수의 하나님 나라운동 중심에는 로마 통치로 인해 가장 큰 피해를 당하고 있는 피식민지 국가의 민중이 있다.

복음서를 읽을 때 흔히 만나는 예수의 말씀 속에서 우리는 하나님 나라의 민중 편향성을 읽을 수 있다. 복음서가 전하는 과격한 말씀일수록 그것은 역사적 예수에 근접해 있는 것으로 추정된다. 예를 들면 가난한 사람들에 대한 축복의 말씀이나 부자들에 대한 저주의 말씀 등이 여기에 속한다. "부자가 하나님의 나라에 들어가는 것보다 낙타가 바늘귀로 지나가는 것이 더 쉽다"는 말씀(막 10:25)은 가장 오래된 예수 전승에 속한다. 예수의 하나님 나라운동은 그 시대 사회에서 소외된 가난한 사람들과 긴밀한 관계 속에서 진행되었다. 복음의 원형은 곧 사회복음(Social Gospel)이었음을 알 수 있다.

안병무 성서해석의 교회사적 위치

초창기 기독교 교회는 자신들이 처해 있는 구체적인 선교적 상황과 연결시켜 예수의 가르침이나 교훈을 이해하였다. 예수는 하나님 나라에 관해서 쉽게 알아들을 수 있도록 일상생활 속에서 흔히 경험하는 것들을 빗대어 '비유'로 설명하였다.

오리게네스(Origenus)는 「마가복음」 4장에 나오는 '씨 뿌리는 농부'의 비유를 설명하면서 씨앗의 문자적 의미는 실제 씨앗이고, 도덕적 의미는 믿음이며, 영적 의미는 하나님의 나라라고 해석했다.[87] 이러한 알레고리적 성서해석 방법은 아우구스티누스를 거쳐 중세 가톨릭 교부들에 이르기까지 즐겨 사용되었다.

이와 달리 마틴 루터는 '오로지 성서만으로!(sola scriptura!)'를 성서해석 방법의 중요한 수단으로 삼았다. 그는 성서 본문을 해석하는 데 있어서 문자적 의미와 영적 의미를 구분하는 알레고리적 해석을 지양했다. 루터는 성서를 알레고리적으로 해석하는 교부들을 "원숭이 재간을 부리는 사기꾼들"이라고 혹평했다.[88] 예수는 인간의 역사적 언어가 갖는 의미를 통해서 하나님 나라에 관하여 설명한다고 루터는 생각했다. 그러나 루터의 해석 방법인 "오직 성서만으로!"는 성서 말씀을 단

---

87) R. H. Stein, *An Introduction to the Parables of Jesus*, Philadelphia, 1981, 45-47쪽.
88) 위의 책, 49쪽. 루터는 알레고리적 방법을 비판했지만, 사마리아 사람의 비유는 알레고리적 방법으로 해석했다.

지 개인의 사적인 신앙 차원으로 환원시키는 한계를 벗어날 수 없었다.

계몽주의와 문예부흥 시대를 거치면서 인간의 이성과 합리성, 그리고 비판 정신이 학문의 주요 방법론으로 떠오르기 시작했다. 신학도 직·간접적으로 이런 영향을 받지 않을 수 없었다. 계몽주의의 영향 하에서 자유주의 신학자들의 성서해석 방법론이 등장했다. 그들은 교리(Dogma)에서 해방된 예수, 곧 복음서가 전하고 있는 그대로의 예수 모습을 탐구하려고 했다. 그러나 자유주의 신학자들이 도달한 역사적 예수는 복음서가 증언하는 있는 그대로의 예수라기보다는 오히려 그들이 살고 있던 시대정신에 부합한 이상적인 예수상에 불과했다.[89] 다시 말해 학자들의 관심에 따라 각기 다른 예수상이 그려질 수밖에 없었다.[90]

---

89) A. 슈바이처, 『예수의 생애 연구사』, 서울: 대한기독교출판사, 1986, 25-35쪽.
90) 예를 들면 라이마루스(H. S. Reimarus)는 역사적 예수를 실패한 혁명가의 모습으로, 스트라우스(F. D. Strauss)는 신적 이성의 체현자(體現者)로, 리츨(A. Ritschl)은 윤리 선생으로, 바이스(J. Weiß)는 미래적인 하나님 나라의 선포자로, 카우츠기(K. Kautzky)는 프롤레타리아 해방을 위한 지도자로, 슈바이처는 철저한 종말사상가로 그리고 있다.

자유주의 신학자들의 예수전(傳) 연구의 한계를 극복한 것은 양식비평학(Formgeschichte)과 편집비평학(Redaktionsges chichte)이다. 양식비평학은 복음서에서 발견되는 예수에 관한 개별 이야기들이 애초부터 완결된 것들이 아니었고, 여러 단계를 걸쳐 지금의 모습을 띄게 되었다는 사실을 밝혀내었다. 그리고 이야기의 발전 단계 배후에는 초대 교회공동체의 선교적 상황이 놓여있다는 사실을 알게 되었다. 성서 본문의 배경을 이루고 있는 교회공동체의 선교적 상황(예배와 설교)을 밝혀내는 작업을 양식비평학에서는 성서해석의 주요 과제로 삼고 있다.

이에 비해 편집비평학은 복음서 저자가 그 책을 저술한 편집 의도가 무엇인지에 대하여 관심을 기울인다.[91] 복음서를 기록한 저자는 단순히 개인의 자격을 넘어서 그가 속해 있던 교회공동체의 신앙고백을 대변한 학자라는 것이다. 편집비평학은 저자의 편집 의도라는 보다 거시적(巨視的)인 안목에서 성서 본문을 해석하기 때문에 성서를 역동적으로 이해할 수 있는 길을 터놓았다.[92]

---

91) 보른캄(G. Bornkamm), 콘첼만(H. Conzelmann), 마르크센(W. Marxsen) 등은 편집사적 방법론을 동원해 편집사 신학을 전개했다.
92) 田川健三, 김명식 옮김, 『原始 기독교 연구』, 서울: 사계절, 1983, 참조.

독일에서 민중신학을
강의하고 있는 안병무.

　사회학적 연구는 예수 운동의 사회·역사적 현실에 관심을
기울이기 시작했다. 교회공동체란 무엇인가? 교회공동체는 어
디까지나 세계 안의 존재요 세계와의 관계성 속에서 존재한
다. 교회공동체는 사회학의 대상이다. 인간은 사회적 인간이
다. 교회공동체의 성도들 또한 사회적 조건들의 영향을 받지
않을 수 없다. 사회학적 성서연구는 성서 본문이 지니고 있는
사회·역사적 차원에 주목한다.

　안병무는 이상에서 살펴 본 해석학들을 제한적으로 수용하
면서 나름대로 새로운 성서해석학을 제창하였다. 전기(前期)
안병무는 실존적 물음을 안고 성서를 읽었다. 성서에는 객관
적인 모범 답안이 없다는 것, 성서는 묻지 않으면 침묵한다는
것, 성서는 우리에게 실존적 결단을 촉구한다는 것이 전기 안
병무의 성서해석 방법론이었다. 후기(後期) 안병무는 사회의

밑바닥 민중을 만나게 되면서, 이를 계기로 민중이라는 화두를 안고 성서를 읽기 시작하였다. 그는 "민중이 내 눈을 뜨게 해 주었다"고 고백했다.[93] '민중의 눈'이 안병무 성서해석의 새로운 출발점이었던 것이다.

안병무는 양식비평학의 도움을 얻어 「마가복음」에 등장하는 예수 이야기를 시대별로 구분했다. 복음서의 예수 이야기들은 한 사람이 단번에 쓴 것이 아니다. 몇 세대를 걸쳐 여러 사람들의 손에 의해서 수정되고 보완된 것이다. 「마가복음」에는 예수 생전의 예수 이야기와 마가 저자가 속해 있던 교회공동체의 예수 이야기가 중복되어 있다.

안병무는 무엇보다도 마가가 선교했던 시대의 역사적 상황 탐구를 성서해석의 열쇠로 삼았다. 「마가복음」은 70년 직후에 최종으로 편집되었다. 로마의 식민지 통치에 항거하여 유대 민중이 일으켰던 해방전쟁이 참담하게 패배로 끝난 직후, 예루살렘은 함락되고 성전은 돌 위에 돌 하나 남아있지 않고 초토화된 시기이다. 전쟁의 참화 속에서 배고픔과 질병으로 고통을 당하며 이곳저곳을 배회하던 민중의 현장이 곧 「마가

---

93) 안병무, 『역사 앞에 민중과 더불어』, 서울: 한길사, 1986, 126쪽.

복음」이 쓰인 시대의 모습이었다.[94]

　「마가복음」에서는 예수가 사흘 동안 굶고 목자 없는 양처럼 헤매는 무리를 불쌍히 여겨 빵과 물고기를 나누어 주는 장면(막 6:34)이 나온다. 오천 명을 먹이시는 이야기는 예수를 따르던 민중의 배고픈 현실을 보여주며, 전쟁의 참화로 재산과 가정을 잃고 거리를 배회하는 마가 교회공동체 시대의 민중의 가난한 현실을 보여준다.[95] 그러면 누가 이런 예수 이야기를 전했을까? 안병무에 따르면 예수를 따랐던 민중에 의해서 전승되었다.[96]

　시대적으로 보면 바울이 마가보다 앞서 선교 활동을 했다. 바울이 서 있는 선교의 자리는 마가와 달랐다. 바울은 기독교 복음을 헬레니즘 문화권에 토착화시키는 것을 주요 과제로 삼았다. 바울은 역사적 예수를 생전에 만난 적도 없을 뿐만 아니라, 예수의 삶이나 가르침에 대해서 별로 관심을 기울이지도 않았다(고후 5:16).

---

94) 안병무 엮음, 『사회학적 성서해석』, 서울: 한국신학연구소, 1991, 206쪽.
95) 안병무, 『민중신학 이야기』, 서울: 한국신학연구소, 1987, 105쪽.
96) 안병무. 「예수 사건의 전승 모체」, 『역사와 해석』, 서울: 한국신학연구소, 1985, 130쪽.

예수의 하나님 나라운동이 갈릴래아 민중의 사회적 고난과 해방을 목표로 진행되었다면, 바울의 기독교 운동은 예수 그리스도를 믿음으로써 주어지는 영적 구원을 목표로 하고 있다. 예수의 사회복음은 바울에 의해 교회공동체를 위한 개인 영혼 구원의 복음으로 바뀐 것이다. 안병무는 바울이 예수의 복음을 탈사회화(脫社會化)·탈역사화(脫歷史化)했다고 보았다.

역사적 예수의 삶과 가르침을 외면한 바울의 초월적인 그리스도론은 전쟁의 참화 속에서 고난을 겪고 있는 마가 교회 공동체의 민중에게는 그 어떤 위안도 줄 수 없었을 것이다. 그리하여 마가는 바울의 탈역사적(脫歷史的) 그리스도에서 갈릴래아의 역사적(歷史的) 예수에게로 시선을 돌렸다.「마가복음」 저자는 40년 전 당시 민중이 겪었던 고난 속에서 현재 마가의 민중이 겪고 있는 고난을 보고, 그와 반대로 현재 마가의 민중이 겪고 있는 고난 속에서 40년 전 예수의 민중이 겪었던 고난을 보았다.「마가복음」에서는 예수의 민중과 마가의 민중이 고난을 고리로 하나로 합류되었다.

마가와 마찬가지로 안병무는 70년대 한국의 민중 사건에 대한 물음으로부터 성서해석을 시작했다. 그는 복음서에 등장하는 예수의 민중 사건이 오늘날 민중 사건에서도 재현되고 있음을 증언했다. 안병무는 민중의 현장을 생동감있고 진지하게 증언하는 것을 신학의 과제로 삼았기 때문에 하나의 고정된 틀에 매이지 않은 채 성서를 해석하였다.

안병무는 역사비평학과 사회학적 연구 성과들을 비판적으로 수용하면서도 그것에 매이지 않은 여유있는 관계를 유지한 채로 성서해석을 했다. 그는 역사비평학이 예수운동을 교회공동체의 신앙 생활과 저자들의 신학 의도를 추구하는 것에 한정시켜 연구하기 때문에 그 운동이 지니고 있던 사회적 성격을 밝히는 데는 미흡했다고 본다. 다시 말해 예수운동이 당시 갈릴래아 사회의 역사적인 상황과 어떠한 관계를 맺고 있느냐에 대해서는 침묵한다는 것이다. 이와 달리 안병무는 예수 시대 갈릴래아의 사회·경제적인 상황을 밝히는 데 주력함으로써 갈릴래아 민중이 처한 사회·역사적인 현실을 바르게 인식하려 했다.[97]

안병무는 초창기 예수운동에 관한 전승에는 두 가지 흐름이 있다고 지적했다. 예수 사건 그 자체에 관심을 둔 전승과 그 의미에 관심을 둔 전승이 그것이다. 예수 사건의 의미에

---

97) 안병무, 『사회학적 성서해석』, 3-5쪽.

관심을 둔 전승은 주관적이고 변증적인 성격을 띨 수밖에 없었다. 교회공동체의 유지가 목적이기 때문이다. 이 전승은 주로 교회공동체의 지도층에 의해 전승되었다.

이와 달리 예수 사건 자체에 관심을 가진 전승은 주로 사건의 목격자로서 교회공동체의 민중에 의해 전승되었다. 예수 사건의 목격자인 민중은 교회의 지도층에 비해서 예수 사건을 보다 사실대로 전승할 수 있었다. 그러나 정치적인 압박 속에 있었기에, 예수의 이야기를 유언비어의 형태로 전달될 수밖에 없었다.[98] 안병무의 이러한 민중신학적 상상력은 초창기 교회공동체에서 이미 제도화로 인한 부작용이 있었다는 것을 암시해 준다.

오클로스의 발견

「마가복음」에서는 예수를 둘러싼 '무리'를 헬라어로 '오클로스(ochlos)'라고 부른다.[99] 마가는 복음서에서 '오클로스'를 무

---

98) 안병무, 「예수 사건의 전승모체」, 『역사와 신학』, 121쪽 이하.
99) 안병무, 「예수와 오클로스」, 『민중과 한국 신학』, 86-87쪽. 안병무는 민중을 하나의 생명체로 보았으며, 그리하여 민중을 개념적으로 정의내릴 수 없다고 보았다. 그럼에도 그는 이집트에서 해방되어 가나안에서 하나의 공동체를 이루었던 '하비루'와 바빌론 포로 시

려 36회나 사용했다. 그에 반해 민족이나 하나님의 백성을 뜻
하는 헬라어 '라오스(laos)'는 두 차례 사용하는데 그쳤다.[100]

이를 바탕으로 안병무는 예수 사건을 오클로스와의 관계성
속에서 새롭게 이해하고 있다. 오클로스는 유대 사회의 중심부
에서 변두리로 밀려난 소외 계층을 총망라하는 개념이다. 가난
한 사람, 날품팔이, 실업자, 세리, 죄인, 여인, 어린이, 병자, 불
구자, 맹인, 창녀, 귀신들려 고통을 받는 사람, 눌린 자, 포로
된 자, 슬퍼하고 통곡하고 박해를 받는 자들이 오클로스다.

하나님 나라운동에서 오클로스는 마치 동전의 양면처럼 예
수와 밀접한 관계가 있다. 오클로스는 하나님 나라 복음의 주
요 대상이며 동시에 하나님 나라운동을 이끌었던 주체세력이
기도 하였다. 안병무는 이 오클로스를 사회·경제적으로 '제4
계급'이라고 불렀다.[101]

대에 예루살렘에 남아 그 땅을 지켰던 '암 하아레츠'에서 오클로스
를 연상했다. 이 세 개념은 민중이라는 언어가 지니는 내용을 어느
정도 포함하고 있기 때문에 상호 연관성이 있다(안병무, 「민중신학
을 묻는다」, 『기독교의 개혁을 위한 신학』, 1999. 166-68쪽).
100) 막 7:6과 4:2에 라오스가 등장한다. 성서는 두 개의 용어로 민중
을 표현했다. '라오스'는 오늘날 국민과 통하는 개념이다. 그것은
한 집단 내에서 보호받을 권리가 있는 개념이다. '오클로스'는
한 집단 안에 있으면서도 보호받을 권리를 상실한 대중을 뜻한
다(안병무, 「민족, 민중, 교회」, 『민중과 한국 신학』, 24쪽).

예수는 출신상으로나 떠돌이 삶을 산 것으로 보아 민중적이었다. 예수는 언제나 민중과 함께 있었다. 예수가 있는 곳에 민중이 있었고, 민중이 있는 곳에 예수가 있었다. 병을 고치는 이야기들에서도 예수의 초인적 치유 능력이 강조되기보다는 예수와 민중의 상호 소통적인 관계를 통한 협동 치유 능력이 강조된다. 예수는 시종일관 민중의 언어를 사용했다. 그의 수난과 죽음은 곧 민중의 비참한 운명을 드러냈다. 예수의 운명에서 그 시대 민중의 운명이 나타나고, 민중의 운명에서 예수의 운명이 표현된다. 십자가와 부활 사건에서 예수와 민중은 불일불이(不一不異)의 관계를 형성한다. 예수의 부활은 곧 모든 절망과 좌절과 죽음을 딛고 일어선 민중의 부활과 연관되어 있다. 예수의 부활 소식에서 민중은 자신들의 구원과 해방 소식을 듣는다.[102]

오클로스와 예수[103]는 어떤 관계일까? 예수는 오클로스를 목자 없는 양처럼 불쌍히 여기며, 그들을 내 어머니며 형제라고 선언하기도 했다.[104] 예수는 오클로스를 새로운 하나님 나

---

101) 안병무, 「민족, 민중, 교회」, 『민중과 한국 신학』, 24쪽.
102) 안병무, 「마르코복음에서 본 역사의 주체」, 『민중과 한국 신학』, 180-85쪽.
103) 막 6:34.
104) 막 3:34.

라 가정의 일원이며 식구로 선언한 것이다. 예수는 언제나 오클로스를 가르쳤다.[105] 그런데 주목할 것은 예수가 오클로스를 질적(質的)이거나 윤리적 가치로 평가하지 않았다는 점이다. 예수는 오클로스를 결코 미화하거나 특정한 틀로 개념화하지 않았다.

예수는 특정한 목적이나 의도로 민중을 규합하거나 의식화하여 투사(鬪士)로 만들지도 않았다. 그들을 정치세력화 하지도 않았다. 오클로스를 받아들이는 데 있어서 예수는 그 어떤 조건도 제시하지 않았다. 조건 없이 오클로스를 영접했던 것이다. 이러한 점에서 예수는 율법을 빌미로 오클로스를 정치적으로 이용하려던 바리사이파와 달랐다. 예수는 민중의 지도자가 아닌 그들의 동반자로 살았다. 바로 이 점에서 안병무는 「마가복음」의 민중신학적인 동기를 발견한다.

예수와 민중의 관계적 이해

안병무는 예수와 민중을 별개의 독립된 실체로 인식하지 않고, 관계적 존재로 이해했다. 예수와 민중은 하나의 운명공

---

105) 막 2:13; 4:11-12; 7:4; 10:1; 11:18.

동체적 관계다. 복음서에서 예수의 말과 행동의 중심에는 언제나 하나님 나라가 서 있고, 그의 주변에는 언제나 민중이 그림자처럼 따라 다닌다. 복음서에서 예수와 민중은 둘이면서 둘이 아닌 관계, 그리고 둘이 아니면서 동시에 둘인 관계를 형성한다.

복음서는 예수 주변에 항상 민중이 있었다고 증언한다.[106] 하나님 나라운동에서는 예수 없이 민중이 없고, 민중 없이 예수가 없다. 안병무에 따르면 마가는 그의 복음서에 예수라는 한 인간의 개인전기(個人傳記)가 아닌, 예수와 함께 한 민중의 사회전기(社會傳記)를 기록했다.

이런 시각에서 안병무는 예수를 가리키는 메시아적인 칭호들, 곧 하나님의 아들, 사람의 아들, 그리스도 등이 집단적인 내용을 담고 있다고 생각했다.[107] 그는 특히 「다니엘」 7장에 등장하는 묵시문학적 메시아 칭호인 '사람의 아들[人子]'을 연구하는 가운데서, '사람의 아들'이 가지고 있는 집단적 의미를 발견했다.[108] 안병무는 예수와 그를 둘러싼 민중을 주객

---

106) 안병무, 「예수와 오클로스」, 『민중과 한국 신학』, 103쪽.
107) 안병무, 「마가복음」에 나타난 역사의 주체」, 『민중과 한국 신학』, 177쪽.

의 이분법적인 도식이 아닌, 상호 관계성 속에서 집단적으로 이해했다.

안병무는 예수 사건을 2천 년 전에 일어난 한 사건으로 한정시키지 않는다. 그는 예수 사건이 민중 현장의 맥락에서 오늘의 사건으로 재현된다고 생각했다. 예수 사건은 시간과 공간을 초월하여 폭력의 악순환의 고리를 끊는 민중의 고난과 자기초월의 사건이라는 것이다. 역사적 예수 사건이 마가 교회공동체의 민중 사건 속에서 재현되었듯이, 예수 사건은 오늘날 한국의 민중 사건 속에서 다시 재현된다. 안병무는 전태일 사건 속에서 예수 사건이 분출하고 있음을 보았다.

1970년 한 무명의 어린 노동자가 평화시장 앞거리에서 대낮에 자기 몸에 휘발유를 부어 불을 그었습니다. 누구도 알지 못하는 겨우 소년기를 벗은 젊은 사람, 그 어

---

108) 단 7:13-14에서는 인자를 다음과 같이 설명한다. "내가 밤에 이러한 환상을 보고 있을 때에 인자 같은 이가 오는데, 하늘 구름을 타고 와서, 옛적부터 계신 분에게로 나아가, 그 앞에 섰다. 옛부터 계신 분이 그에게 권세와 영광과 나라를 주셔서, 민족과 언어가 다른 뭇 백성이 경배하게 하셨다." 이어서 18절에서는 다음과 같이 이어진다. "그러나 가장 높으신 분의 성도들이 나라를 얻을 것이며, 영원히 영원히 영원히 그것을 누릴 것이다." 안병무는 13절의 '인자 같은 이'를 18절의 '가장 높으신 분의 성도들'과 일치시키면서 인자가 갖고 있는 집단적인 의미를 강조했다.

린 손으로 큰 교회들의 문을 두드리고, 정부와 노동부 등 여러 곳의 문을 두드려보았지만, 아무 반응도 없었습니다. …… 그는 자기 동료들이 근대화라는 미명 아래서 혹사당하는 것을 보아왔습니다. 그것을 알리려고 그는 그렇게 몸부림쳤던 것입니다. 그에게는 끝없는 이야기가 많았지만, 그것을 제대로 들어줄 사람이 없었어요. 그래서 선택한 것이 분신이었습니다. 그 분신과 함께 전태일이라는 청년은 갑자기 거인처럼 민중들 사이에 살아났던 것입니다. 그만 살아난 것이 아니라, 그 이야기가 번져나가기 시작했습니다. 그 해와 그 다음 해를 비교해보면, 노동자들이 자기 권리를 찾자는 자주적인 운동이 10배, 20배, 30배로 증가하였습니다. 전태일이 어떻게 살았나, 하늘에 갔는지, 땅에 갔는지, 그건 모릅니다. 분명한 것은 사람들에게 이야기에서 이야기로 전해지는 동안 뜻밖에도 전태일이 살아났다는 것입니다. 전태일이 백도 되고, 천도 되고, 만도 되어 지역을 넘어서 퍼져나가고 있었습니다.[109]

안병무는 복음서에서 나타난 예수 사건을 민중적인 시각에서 집단적으로 해석하는 것에서 멈추지 않고, 오늘의 민중 현장에서 이를 경험하는 데까지 나아갔다. 예수 사건은 그에게는 시공을 넘어서 폭력과 고난의 악순환을 끊는 민중의 자기 초월적인 사건이었다.[110] 그리스도는 교회 안이 아닌 고난받

---

109) 안병무, 「전태일 이야기와 부활」(미발표 설교문).

는 민중 속에서 현존한다. 예수의 자기초월적인 사건은 단 한 번으로 그친 것이 아니라 오늘의 민중 사건 속에서 마치 화산의 맥(脈)처럼 끊임없이 반복된다. 안병무는 이웃을 위해 자기 목숨을 바친 전태일 분신 사건 속에서 세상 죄를 짊어지고 가는 현존의 예수를 보았던 것이다.

민중 구원 이야기

"그리스도와 민중이 동일하다면, 그 민중은 누가 구원하느냐?" 몰트만의 이 질문 속에는 마치 우주에 있는 어느 혹성에서 온 외계인이 인간을 구원하듯이, 민중을 구원할 분이 외부로부터 와야 한다는 '외계인(外界人) 그리스도' 사상이 전제되어 있다.

기독교인들이나 신학자들은 어떻게 구원을 받는가? 고통받는 민중의 현장에서 그리스도의 현존을 인식하고, 그 현장에 참여함으로써 구원을 받는다. 그렇다면 고통받는 민중 자신은 어떻게 구원받는가? 누가 민중을 구원해 주는가?

---

110) 안병무, 『민중과 한국 신학』, 183-84쪽.

민중신학 세미나에서의 안병무.

안병무는 민중이 나를 구원하는 메시아적 위치에 있음을 보아야 한다고 역설했다. 즉 민중은 민중 사건 속에서 자기 스스로를 구원한다는 것이다.[111] 그러면 예수는 민중에게 어떤 의미가 있는가? 안병무는 예수와 민중을 분리해서 보아서는 안 된다고 말한다. 예수는 민중을 위해 하나님 나라운동을 일으킨 것이 아니다. 예수 자신이 민중이었기 때문에 하나님 나라운동을 일으킨 것이다. 예수의 삶 자체가 곧 민중의 고난과 해방의 삶이었다.[112] 민중이 스스로를 구원한다는 안병무의 논지 배후에는 예수와 민중은 분리될 수 없고 통전적(統全的)으로 이해되어야 한다는 전제가 깔려있다.

안병무의 민중 구원론이 의미하는 바는 무엇인가? 민중을 위한 구원(salvation for the minjung)인가? 민중의 구원(salvation of the minjung)인가? 민중에 의한 구원(salvation by the minjung)인가? 물론 이 모든 물음을 포함한다고 볼 수 있

---

111) 안병무, 『민중신학을 말한다』, 서울: 한길사, 1993, 148쪽.
112) 위의 책, 150쪽.

다.113) 그러나 안병무는 민중을 순수하게 구원의 대상으로 보는 시각을 거부했다. 민중을 구원받아야 할 객체(客體)로 보기보다는 구원의 주체(主體)로 이해했다.

안병무는 민중 구원론을 언급하면서 특별히 「이사야」 53장에 등장하는 '고난의 종'에 주목한다. 제2이사야서에 등장하는 하나님의 종, 곧 '야훼의 종(Ebed Jahwe)'은 스스로 징계를 받고 고난을 짊어짐으로써 이스라엘을 구원으로 인도한다. 여기에서 '야훼의 종'은 누구일까? 안병무는 바벨론의 전쟁 포로로 끌려가 고난의 삶을 살아가는 유대 민중을 야훼의 종으로 간주했다. 이스라엘 민중이 곧 이스라엘을 구원으로 인도한다는 것이다. 「마가복음」의 저자는 이와 같은 맥락에서 예수의 고난을 민중의 고난으로 해석하고 있다고 본 것이다.

「마가복음」이 전하는 수난 이야기, 곧 수난을 당하고 십자가에서 처형된 나사렛 예수가 다름 아닌 '고난의 종' 메시아

---

113) 「마태복음」 25장에 나오는 최후 심판에 대한 비유에서 예수는 굶주리고, 목마르고, 나그네 되고, 헐벗고, 병들고, 감옥에 갇힌 사람들에게 무관심한 것이 곧 자신에게 한 것과 같다고 말한다. 예수는 자신과 사회에서 소외된 사람들을 일치시키고 있는 것이다. 이곳은 안병무가 주장하는 민중 구원론의 성서적인 거점이 된다(마 25:31-46 참조).

라는 사상은 당시 유대 사회의 정서로는 도저히 받아들일 수
없었다.

당시에 팔레스타인 민중 사이에 널리 퍼졌던 메시아 사상은
일반적으로 두 가지다. 정치적 메시아 사상(political Messianism)
과 묵시적 메시아 사상(apocalyptical Messianism)이 그것이다.

유대왕국은 주전 598년과 587년 두 차례에 걸쳐 바빌론 느
부갓네살 왕의 침공을 받아 멸망했다. 예루살렘에 거주하던
유대인들 상당수가 전쟁 포로가 되어 티그리스-유프라테스
강 유역으로 끌려가 50여 년 동안 농노(農奴)로서 비참한 생
활을 하였다. 바빌론에 끌려간 해외 거주 유대인을 디아스포
라(Diaspora)라고 부르는데, 디아스포라 사회에서 유대인들이
당하는 고난과 희망이 메시아 사상으로 표출되기에 이르렀다.

유대인들은 다윗의 자손 중에 메시아가 나와서 외세의 압
제로부터 이스라엘의 주권을 회복하고, 유대 민중을 구원해
주리라는 희망이 있었다. 유대 민족주의와 결부된 이러한 정
치적 메시아 사상은 예수 시대에 이르러 로마 식민지 시대에
도 유대 민중운동의 중요한 흐름을 이루고 있었다. 다윗의 자
손에서 강력한 카리스마를 지닌 메시아가 등장하여, 유대 민

족을 해방시키리라는 희망이 정치적 메시아 사상의 중심이다.

유대 민족주의와 결합된 형태의 정치적 메시아 운동은 열심당(Zealoten) 운동에서 극에 달했다. 특히 열심당원들은 로마의 식민지 통치에 불복하여 납세거부운동을 벌였으며, 테러 조직을 활성화하여 로마의 주요 인물이나 친(親)로마파 유대인을 암살하기도 하였다. 열심당은 66년 갈릴래아 지역의 소농들을 중심으로 로마에 항거하여 해방전쟁을 일으켰다. 5년 동안 지속된 해방전쟁은 결국 로마군에 의해서 예루살렘이 함락됨으로써 종결되었다.

디아스포라 사회에서 온건하고 평화를 사랑하며 사는 유대인들은 그들을 구원할 메시아를 유대 민족의 역사 지평에서 찾는 일을 포기했다. 로마에 항거하여 이스라엘의 주권을 회복한다는 것은 현실적으로 불가능하다고 판단했기 때문이다. 그들은 유대 민족만을 사랑하는 하나님 사상을 포기하였다. 따라서 하나님은 유대 민족의 경계를 초월하여 사랑과 정의를 기준으로 세계를 다스린다는 보편적인 하나님 사상을 갖게 되었다.

종말의 때에 등장하게 될 메시아는 다윗의 자손에서 나오는 것이 아니라, '사람의 아들[人子]의 모습'으로 하늘에서 구름을 타고 내려와 세상의 왕들을 심판할 것이다. 이러한 묵시적인 인자(人子) 메시아 사상은 사회 밑바닥 계층인 가난한 민중 사이에서 폭넓게 퍼져 있었다. 세례 요한의 회개운동이나 예수의 하나님 나라운동은 이러한 묵시적 메시아 사상으로부터 결정적인 영향을 받았다.

이와 같이 정치적 메시아 운동과 묵시적 메시아 운동이 유대 사회에서 널리 퍼져있는 상황에서, 마가는 이와 전혀 다른 패러다임의 메시아를 우리에게 소개한다고 안병무는 말한다. 수난의 메시아상(像)이 그것이다. 십자가에 달려 "나의 하나님, 나의 하나님, 어찌하여 나를 버리셨습니까?"(막 15:34)라고 외치며 수난을 당하고 죽어가는 예수의 모습에서 마가는 인류를 구원할 진정한 메시아를 보았다. 수난당하는 메시아 사상은 당시 유대 사회에 널리 유행하던 메시아 사상에 비추어 볼 때, 상당히 생소했을 것이다.

고난받는 예수를 온 인류를 위한 메시아로 본 마가의 관점은 메시아상에 대한 패러다임의 전환이었다. 마가와 마찬가지로 안병무 또한 고난받는 민중을 통해서 온 인류가 구원에 이르게 된다는 사실을 널리 알리기 위해 예수 스스로 십자가에

달려 죽었다고 생각했다.114)

전통적인 기독교 속죄론에 따르면 예수의 십자가 죽음은 온 인류의 죄를 위한 대속 사건(代贖事件)으로 이해된다. 여기에서 예수는 구원의 주체가 되고, 인류는 구원의 대상이 된다. 이렇게 되면 기독교인은 십자가 사건을 나의 구원 사건으로 믿음으로써 구원을 얻게 된다. 구원에서 인간이 해야 할 역할은 아무것도 없다. 그런 면에서 기독교는 타력적(他力的)인 구원관을 지니고 있다.

이와 달리 안병무는 민중 구원론을 말한다. 예수의 십자가 사건은 단순히 개인적 차원에서 일어난 사건이 아닌 하나의 민중 사건이라고 했다. 따라서 안병무에 따르면 예수의 죽음은 고난받는 민중을 통해 인류가 구원을 받는다는 사실을 알게 해준다. 예수의 메시아 운동에 참여한 민중은 십자가의 예수를 세상 구원자로 받아들일 뿐만 아니라, 자신들 또한 새로운 세계 창조의 주역(主役)으로 이해한다. 민중 구원론에서 민중은 단순히 수동적이고 무력한 구원의 대상에 그치는 것이 아니라, 예수와 함께 역동적인 구원의 주체가 된다. 안병

---

114) 안병무, 『민중신학 이야기』, 서울: 한국신학연구소, 1991, 99쪽.

무의 민중 구원론에서는 구원의 자율성(自律性)과 타율성(他律性)이 균형과 조화를 이루고 있음을 알 수 있다.[115]

안병무는 구원의 두 차원을 말한다. 민중의 구원과 비(非)민중의 구원이 그것이다. 비민중은 민중을 향해서 회개함으로써 구원을 받는다. 민중을 외면한 구원의 길은 없다. 민중의 고난은 비민중과의 사회적 모순 관계에서 비롯되기 때문이다. 민중을 소외시킴으로써 자신들 스스로도 소외되었던 비민중이 민중을 향하여 자기를 개방하고 회개를 통해서 민중과 하나가 될 때에 구원을 받게 된다. 안병무는 민중의 소리에서 메시아의 소리를 듣고, 민중의 소리에 응답하는 삶 속에서 진정한 구원과 해방을 체험할 수 있다고 말하였다. 곧 민중의 고난과 해방의 길을 향해 자기를 개방함으로써 현존의 그리스도를 경험하는 것이 구원이라는 것이다.[116]

민중이 고난을 받는 것, 그 자체가 구원의 조건이 되는 것

---

115) 함석헌도 기독교 정신의 핵심을 고난에서 찾는다. 이 같은 지평에서 한국 역사의 특성을 고난에서 찾는다. 이스라엘 역사와 예수 사건에서 볼 수 있듯이 한국 민중(씨알)은 고난을 당함으로써 인류를 구원의 길로 인도한다는 것이다(「뜻으로 본 한국 역사」, 『함석헌 전집』 제1집, 한길사, 1981, 315-16쪽).
116) 안병무, 『민중신학 이야기』, 117-18쪽.

은 아니다. 민중이 자신의 고난 속에서 전체의 고난을 보고, 그것을 개인 차원을 넘어 전체의 고난으로 인식할 때에, 비로소 민중은 구원의 주체가 된다. 자신의 소리에서 전체의 소리를 들을 때에, 민중의 소리는 곧 메시아의 소리가 된다.

민중은 스스로를 구원할 뿐만 아니라, 타자(他者)를 구원으로 인도한다. 안병무는 민중 밖에서 민중의 호소에 응답하는 외계인 그리스도가 아닌, 민중 속에서 현존하는 그리스도를 만났다. 그는 민중과 그리스도 사이에 일체의 간격을 허락하지 않았다. 민중의 구원 속에서 예수의 구원을 보고, 예수의 구원 속에서 민중의 구원을 보았던 것이다.

안병무는 오늘의 민중 사건 지평에서 예수의 민중 사건을 보았고, 동시에 성서의 민중 사건 지평에서 오늘의 민중 사건을 재조명했다. 성서의 민중과 오늘날의 민중을 연결해 주는 고리를 안병무는 '고난의 보편성'에서 찾았다.[117]

---

[117] 그렇다고 해서 고난 자체가 구원의 능력이 있는 것은 아니다. 고난받는 민중과의 연대적 실천이 우리를 구원으로 인도한다. 그러나 고난 자체는 극복되어야 할 과제다.

안병무의 예수전

안병무가 평생에 걸쳐 관심을 가진 것은 신학이 아니라 '역
사의 예수'였다고 해도 과언이 아니다. 그는 학문적인 관심에
서 역사적 예수에게 집착하지 않았다. 오로지 역사적 예수의
삶을 묻고 그런 삶에 참여하고 싶은 목적이 있었다. 그러나
거기에는 주관주의적 오류라는 위험이 있다.

계몽주의 이래로 자유주의 신학자들은 예수를 기독교 교리
(도그마)에서 해방시키고 복음서가 증언하는 '있는 그대로의'
예수를 만나게 하는 데 긍정적인 역할을 했다. 그러나 실상
그들이 찾은 예수는 성서가 말하는 '있는 그대로의' 예수가
아니라 그들이 이상으로 삼고 있는 현대의 예수상(image)이었
다. 그들은 예수에게서 혁명가, 윤리 선생, 철저 종말론 신봉
자, 종말론적 예언가, 현자(賢者), 카리스마적 영성 지도자 등
을 만났다. 즉 자유주의 신학자들은 예수를 보는 시각에 있어
서 객관성을 표방했지만 주관주의적 오류를 벗어나지 못했다.

안병무는 이러한 주관주의적 오류와 객관주의적 오류를 동
시에 경계하면서, 복음서 자료들에 충실하면서 상대적으로 신
빙성 있는 예수의 역사적 생애를 재구성했다.[118]

첫째, 예수는 갈릴래아 출신이다. 마태와 누가는 예수의 공생애 이전의 삶을 일부 기록하고 있는데, 예수 탄생 이야기가 그 대표적인 사례다. 이들은 한결같이 예수 탄생을 유대 땅 베들레헴과 결부시켰다. 그 의도는 분명하다. 예수가 다윗의 후손이라는 것을 강조하기 위해서다. 그런데「마가복음」은 예수의 출신이 갈릴래아임을 분명히 한다.119)

당시 갈릴래아는 결코 영예로운 곳이 못 되었다. 예루살렘과 비교할 때 갈릴래아는 비천한 땅이었다. '이방인의 땅'이었고 오랑캐들이 거주하는 땅이었다. 예수는 "세례 요한이 죽은 후에 갈릴래아로 가서서 하나님 나라를 선포했다."120) 갈릴래아는 땅은 비옥했지만, 그곳에 사는 주민은 빈곤에 허덕였다. 암 하아레츠, 곧 농노, 소작인, 소농들이 절대 다수를 이루고 있었다. 갈릴래아 출신인 예수의 갈릴래아 선교는 곧 민

---

118) 안병무,『갈릴래아의 예수』, 서울: 한국신학연구소, 1990. 이 책은 한국인 학자에 의해 본격적으로 쓰인 최초의 예수전이라고 평가할 수 있다.
119) 막 1:9.
120) 막 1:15.「누가복음」에서는 갈릴래아에서 온 예수가 나사렛에서 자신의 소명을 처음으로 선언하고 있다고 밝히고 있다. "주의 영이 내게 임하셨다. 주께서 내게 기름을 부으심은 가난한 자들에게 기쁜 소식을 전하게 하심이다. 주께서 나를 보내심은 포로 된 자에게 해방을 선포하고, 눈먼 자들에게 눈 뜨임을 선포하고 눌린 자들을 놓아주고 주의 은혜의 해를 선포하게 하심이라"(눅 4:18).

중 선교의 성격이 짙다.[121]

　둘째, 예수의 직업은 소농(小農)이며 목수였다. 마태는 예수가 목수였다고 말하기보다는, 단지 '목수의 아들'이었다고만 기록하였다.[122] 누가는 아예 예수의 직업에 관한 언급을 회피한다.[123] 예수 시대에는 50여 종에 달하는 수공업이 있었다. 목수는 내세울 만한 직업이 못 되었다. "이 사람은 목수로 마리아의 아들이 아니며, 야고보와 요셉과 유다와 시몬의 형제가 아닌가?"[124] 적어도 출가(出家)하여 공생애를 시작하기 전까지 예수는 농사와 목수 일을 하면서 가족을 부양했을 것이다. 그는 농촌에서 소농(小農)으로서 민중의 한 사람으로 살았을 것이다.

　셋째, 예수는 정규교육을 받지 않았다. 제자들은 그를 스승(랍비)이라고 불렀다. 하지만 그는 정규교육을 받은 공인된 랍비가 아니었다. "이 사람은 배우지도 아니 했는데, 어떻게 그런 학식을 갖추었을까?"[125] 제자들은 예수를 단지 '선생님'의

---

121) 안병무, 『갈릴래아의 예수』, 서울: 한국신학연구소, 1990, 92-100쪽.
122) 마 13:54-55.
123) 눅 4:22-29.
124) 마 6:3.
125) 요 7:15.

의미로 랍비라고 불렀다. 예수의 삶의 스타일이나 민중을 가르치는 방법론에서 볼 때 그는 유대 랍비와 다른 점이 많았다.

예수는 구약사상에 대한 통찰력이 있었다. 예수가 사용한 언어는 아람어인데, 히브리 성경을 읽은 것으로 보아 아마도 히브리어를 자력으로 깨우쳤을 것이다. 그가 당시 공용어인 라틴어나 헬라어를 알았는지에 대해서는 확인할 길이 없다. 하여튼 예수는 정규교육을 받지 못한 민중 계층에 속했을 것이다.[126]

넷째, 예수는 독신으로 살았다. 예수의 고향 사람들은 예수를 비난하면서 그의 어머니, 형제, 누이들에 관해서 언급했다. 그러나 아내에 대한 언급은 어디에도 없다. 예수의 측근 제자들 가운데서도 베드로 외에는 독신으로 지냈을 확률이 크다.[127] 예수는 결혼 자체를 반대하지 않았으나, 결혼이 필수적이라고도 생각하지 않은 것 같다.[128] 어떤 사람이 예수에게 다음과 같은 질문을 했다. "일곱 형제가 한 여인과 차례로 결혼하였는데, 부활 때에 그 여인은 누구의 아내가 되겠습니

---

126) 안병무, 『갈릴래아의 예수』, 24쪽.
127) 막 1:30-31 참조.
128) 마 19:10-12.

까?" 여기에서 예수의 답변은 참으로 중요하다. "사람이 죽은 자들 가운데서 살아날 때에는 장가도 시집도 가지 않고 하늘에 있는 천사들 같이 된다."129) 새로운 세계에서 결혼제도는 있을 수 없다는 표현이다. 하나님 나라운동에 투신한 예수가 결혼했으리라고 상상하기 어렵다.

다섯째, 예수는 무소유의 삶을 살았다. 예수는 제자들에게 나와 내 복음을 따르려거든 집, 형제, 자매, 어머니, 아버지, 자녀, 토지를 버릴 것을 종용했다.130) 제자들을 파송할 때에도 아무것도 소유하지 말라고 명령했다.131) 예수는 머리를 둘 자기 소유의 집 한 채 없었다.132) 철저하게 무소유의 삶을 살았으며, 한 곳에 정착하지 않은 채 떠돌이 삶을 살았다.

여섯째, 예수는 민중의 동반자로 살았다. 예수는 어부, 열심당 출신, 세리까지 제자로 삼았다. 그가 교제를 나눈 사람들 대다수가 가난한 자, 억눌린 자, 소외된 자, 병자, 창녀 등 이른바 죄인들이었다. 사람들이 예수를 '세리와 죄인의 친구'라

---

129) 막 12:25.
130) 막 10:29.
131) 막 6:8-9.
132) 눅 9:58.

고 부른 것은 예수의 인간 관계를 단적으로 나타내 준다.[133]
민중 외에 예수가 사귄 사람으로는 회당장과 부자 청년, 그리
고 물질로 예수를 섬긴 헤로데의 시종 쿠사의 아내 요안나뿐
이었다.[134]

일곱째, 예수는 귀신들린 사람들을 고쳐주고 병든 사람들
을 치료해 주었다. 나병환자, 앉은뱅이, 혈루증 환자, 중풍병
자, 소경, 벙어리 등 주로 반사회적(反社會的)인 불치병으로
고통을 당하는 사람들을 예수는 무상(無償)으로 고쳐주었다.
바로 이런 일들을 하나님 나라운동의 중요한 과제로 삼았다.
그들은 유대사회 공동체에서 소외될 수밖에 없는 가난한 민
중이었다. 예수에게 병 고침을 받은 사람 중에 부유층이나 권
력자는 회당장의 딸이 고작이었다.[135]

여덟째, 예수의 공생애 기간은 1년이다.[136] 「마태복음」에는
헤로데가 죽은 해에 예수가 태어난 것으로 되어 있고(주전 4
년),[137] 「누가복음」에는 로마가 유대인의 인구조사를 실시한

---

133) 막 2:15.
134) 눅 8:3.
135) 막 8:22-23.
136) 예수의 공생애를 3년으로 잡는 것은 「요한복음」을 기초해 계산
    한 것이다(요 2:13; 13:1).

해(6년)에 태어난 것으로 되어 있다.[138] 그러나 막상 가장 오래된 복음서인 「마가복음」에는 예수의 출생 시기에 대한 기록이 전혀 나타나지 않는다. 일반적으로 주전 4년에 출생했다는 설이 일반적으로 수용되고 있다. 언제 예수께서 출가했는지에 대해서는 확실히 알 수 없다. 대략 서른 살로 잡는 것은 「누가복음」의 "약 서른 살쯤"이라는 말에 근거한 것이다.[139]

성서에는 공생애 이전의 예수의 모습은 거의 찾아볼 수 없다. 아버지 요셉에 대한 언급이 거의 없는 것으로 보아, 그는 일찍 타계한 것 같다. 예수는 여러 동생을 거느린 한 가정의 가장으로서 목수 일을 하면서 가계를 꾸려나갔을 것이다. 그는 구약성서를 열심히 읽어 나름대로 높은 식견을 갖고 있었고, 농부들의 생활을 주의 깊게 살피면서 창조주 하나님의 섭리를 발견하였다. 예수는 빚에 쪼들리며 가난하게 사는 농부들에게 관심이 많았고, 하늘을 나는 새 한 마리, 들에 핀 이름 모를 꽃 한 송이까지도 세심하게 관찰하는 예민한 감수성과 예리한 통찰력이 있었다.

---

137) 마 3:19.
138) 눅 2:1-3.
139) 눅 3:23.

아홉째, 예수는 십자가에서 처형되었다. 로마는 피식민지 국가들의 정치범에 한해서 십자가에 처형하였다. 예수는 그를 따르는 많은 무리들 가운데 열두 제자를 뽑아 특별하게 교육한 것처럼 서술되어 있다. 열두 제자를 선택하여 무리와 구별하고, 그들을 파견하여 하나님의 나라 복음을 전하게 하고, 최후의 만찬도 이들과 함께 했다. 그러나 중요한 장면에서는 열두 제자 중에서 세 명의 제자만 등장한다.[140]

그러나 예수의 제자 교육은 성공적이지 못했다. 그 중의 한 사람은 예수를 팔고, 수제자 베드로는 그가 체포될 때에 예수를 부인했으며 다른 제자들 또한 모두 도망쳤다. 예수가 십자가에 달려 죽을 당시에 그곳에 함께 있던 제자는 아무도 없었다. 그의 죽음을 끝까지 지켜본 사람은 막달라 마리아와 여인들뿐이었다.[141] 예수는 로마와 예루살렘 권력층에 의해서 '유대인의 왕'이라는 죄명으로 십자가에서 처형되었다. 그의 죄명과 십자가 처형은 예수가 열심당원으로 오해를 받은 끝에, 정치범으로 희생되었음을 뜻한다. 예수운동을 전후해 여러 메시아 운동이 일어났으며, 많은 독립투사들이 십자가에 처형되었다.

---

140) 죽은 소녀를 소생시킬 때(막 5:40)에, 변화 산 위에 오를 때(막 9:2)에, 예루살렘 성전의 붕괴를 예고할 때(막 13:3)에, 겟세마네 동산에서 기도할 때(막 14:33)에가 그렇다.

141) 막 15:40.

열째, 예수는 스스로를 메시아라고 생각해 본 적이 없다. 일반적으로 예수의 메시아 자의식은 역사적 예수에게 소급되기보다는 초대 기독교공동체에 소급된다. 안병무는 예수의 메시아 자의식을 초대 교회공동체의 신앙고백적인 산물로 간주한다.[142]

민중생명신학

안병무의 민중신학이 찾아가는 마지막 지점은 '생명'이다. 과학기술 문명과 도시 문명이 가져온 결과는 무엇인가? 부를 독점한 인간들에게 삶의 편의를 제공해 주고 물질적인 풍요를 보장해 주었다. 그러나 그에 못지않게 인간 중심주의에 기초한 문명의 발달은 환경 오염과 생태계 파괴로 이어져 지구 생명체 전체의 위기를 불러 일으켰다.

후기(後期) 안병무는 생태계 위기와 생명 문제를 화두로 삼

---

142) 막 8:26-27 참조. 예수가 제자들에게 "너희는 나를 누구라고 하느냐?"고 묻자 베드로는 "당신은 그리스도입니다"라고 대답한다. 예수는 이 고백을 아무에게도 말하지 말라고 하는 것으로, 이 구절이 예수 자신이 메시아임을 시인하는 것이라고 한다. 그러나 마가와 누가는 그 말에 부정도 긍정도 하지 않았다. 이어서 예수는 그의 죽음과 부활에 관해서 말한다.

으면서 지구 생명의 지평에서 민중신학을 새롭게 전개하기 시작했다. 그는 민중을 참 생명의 근원으로 정의했다.[143] 재산, 권력, 지위 같은 외적인 소유에 의지하는 사람은 결국 자기가 사는 것이 아니라 가진 것에 의해서 살아간다. 따라서 그들은 외적으로 소유한 것들을 잃자마자 삶을 지탱하지 못하고 죽고 만다. 그러나 민중은 다르다. 안병무는 민중을 외부적인 소유가 아닌 내면적인 생명으로 사는 사람으로 규정했다. 외적인 압력에 짓눌려도 죽지 않고 살아나는 민중, 고난을 당하면서도 체념하거나 포기하지 않고 끈질기게 자신의 생명을 이어가는 민중, 누구의 힘을 빌리지 않은 채 자신의 힘으로 살아가는 민중, 그들이야말로 생명의 근원이며 생명 그 자체라는 것이다.[144]

생명의 토대로서의 민중을 안병무는「창세기」에 나오는 선악과와 생명나무에 관한 이야기를 통해 설명한다.[145] 하나님은 선악과를 따먹지 말라고 하셨다. 그런데 아담은 이를 어겼다. 선악을 분별하게 하는 지혜의 열매를 따먹은 것이다. 선

---

143) 안병무,『한국민족 운동과 통일』, 서울: 한국신학연구소, 2001, 271쪽.
144) 위의 책, 271쪽.
145) 창 3:1-24.

악과는 따먹지 말라고 하셨으나, 그 금령(禁令)은 어디까지나 인간의 자율에 맡겨졌다. 그런데 생명나무는 다르다. 생명나무의 열매를 따먹지 말라는 말은 없다. 하지만 하나님께서는 생명나무에 접근하지 못하도록 불칼로 막았다. 생명나무의 열매까지 따먹으면 인간은 영원히 살 수 있게 되고, 그렇게 되면 하나님과 똑같이 될 것이기 때문이었다. 생명나무 이야기는 인간의 생명에 대한 원초적인 한계성을 묘사하고 있다.

생명나무의 전통은 구약성서 여러 곳에서 발견된다. 에스겔의 환상에서도 등장한다. 「에스겔」 37장에서는 뼈들이 살아나는 이야기가 나온다. 마른 뼈들이 모이고, 힘줄이 생기고, 살이 생기고 가죽이 생겨 생체(生體)가 된다. 하지만 아직 생명이 없다. 하지만 "루아흐(ruah)야, 불어라" 하고 외치자 루아흐가 생체와 접촉해 비로소 살아있는 생명체가 된다. 마른 뼈가 살아있는 생명체가 되는 과정은 어떤 목적의식을 가지고 기술되었다. 그 생명체들은 군대를 이루어 자기 고향을 찾아갔다. 여기에서 루아흐는 생명과 직결된다. 안병무는 인류 역사를 해석하는 데 있어 마른 뼈들이 생명을 얻는 이야기를 적용한다. 인류 역사의 표면에는 죽은 것, 쓰레기, 마른 뼈들이 널려 있다. 그러나 그 죽음의 인류 역사가 생명(루아흐)과 만남으로써 살아 움직이게 된다는 것이다. 안병무는 죽음의 역사를 생동하는 역사로 바꾸어 놓는 생명을 '민중'이라고 생각했다. 민중이 살아 움직이면 죽은 것들은 생기를 얻는다. 민중의 생명은 성서가 말하는 루아흐(ruah) 또는 프뉴마(pneuma),[146] 동양사상에서는 기(氣)에 해당한다.[147] 그것이 작동해 움직이기 시작하면 공동체적인 생명이 탄생한다. 한국 민중은 가난과 수난 속에서도 좌절하지 않고 끈질기게 살아남아 한국 민족의 생명의 근원이 되었다.

안병무는 이러한 구약의 생명사상을 「요한복음」에서도 발견했다. 「마가복음」이 역사적인 지평에서 움직이는 예수를 그렸다면, 「요한복음」은 그것을 넘어서 예수의 뿌리를 찾는 데 관심을 집중했다. 예수는 자기 자신을 "나는 길이요, 진리요, 생명이다"라고 소개했다.[148] "나는 생명을 주는 밥이요, 생수"라고 소개하기도 했다.[149] 예수는 생명의 근원이요, 생명 자체이기 때문에, 그의 살을 먹고 피를 마시는 사람은 영원한 생명을 얻게 된다. 죽어도 죽지 않는 것, 그것이 바로 생명의 특성이다. 요한은 예수의 부활을 이와 같은 생명과 직결시켜 이해

---

146) 「요한복음」은 생명을 주는 것을 영(pneuma)이라고 한다(요 6:63).
147) 안병무, 『한국민족운동과 통일』, 서울: 대한기독교서회, 273쪽.
148) 요 14:6.
149) 요 6:35.

했다. 생명의 불사불멸성(不死不滅性)을 안병무는 환생(還生)과 결부시켰다. 세례 요한을 죽인 헤로데 안티파스는 예수가 세례 요한의 환생이라는 소문에 두려워했다.[150] 민중은 세례 요한을 엘리야의 환생이라고 생각했다.[151] 엘리야의 생명이 죽지 않고 세례 요한에게 이어지고, 그 생명은 다시 예수에게 이어졌다. 죽었던 예수의 생명은 갈릴래아 민중에게로, 초대 교회공동체로 그리고 시공을 초월하여 전태일 사건으로, 그리고 오늘날 한국의 민중 사건으로 이어진다. 예수의 생명 사건은 한 번으로 종결된 것이 아니라, 시공을 초월하여 민중 사건 속에서 끊임없이 반복되어 분출되는 '생명의 화산맥(脈)'인 것이다. 예수의 생명은 민중 사건 속에서 계속 재현되었고, 재현되고 있으며, 재현될 것이다.[152] 이와 같이 생명의 불사불멸성(不死不滅性)을 안병무는 초역사적인 지평이 아닌 민중 생명의 역사적인 지평에서 찾았다.

---

150) 눅 9:7-9.
151) 마 11:14.
152) 안병무, 위의 책, 276-77쪽.

4. 동양자연신학

서구 신관과 동양 신관

일반적으로 동양은 일원론, 서양은 이원론적인 사유 틀을 갖고 있다고 생각한다. 그러나 이러한 구분은 온당하지 않다. 일원론과 이원론 모두 통합과 분별, 동일성과 다양성의 원리로서 동서고금을 막론하고 인간의 사유 틀을 이루고 있었기 때문이다. 동서양의 사고 패턴을 결정짓는 결정적인 변수는 이원론이냐 일원론이냐가 아니고, 사물을 오히려 관계적(關係的)으로 파악하느냐 아니면 실체적(實體的)으로 파악하느냐의 차이다.

서양에서는 현상적으로 파악 가능한 개체 사물들의 존재 근거를 시공과 자연을 초월한 고정 불변하고 별개로 존재하는 독립된 실체에서 찾고자 하였다. 이에 비해 동양에서는 현상적으로 파악 가능한 개체 사물들을 독립적인 실체로 보기보다는 시공 안에 존재하는 다른 사물과의 상호 의존성의 시각에서 보았다. 문제의 핵심은 이원론적인 사고를 전제하면서도, 그것을 어떻게 관계적인 사고의 일원론적인 지평에서 하나로 통합할 수 있는가에 있다.153)

안병무는 자연세계의 상호 연관성을 존중하는 동양의 관계적인 사고 틀에서 근대 과학기술 문명을 주도해 온 서양의 이분법적인 사고 구조를 해체하려고 하였다. 그는 신/인간, 자연/역사, 마음/몸, 개인/사회의 이분법적인 구조를 해체하고 둘 사이의 관계를 상호 의존성 가운데서 통전적(統全的)으로 파악함으로써 '제3의 사유 틀'을 모색했다고 볼 수 있다.

서양이 사물을 분석적으로 파악한다면, 동양은 종합적으로 파악한다. 서양이 개체 사물의 차이점을 찾는 데 주목한다면, 동양은 공통점을 찾는 데 주력한다. 서양이 개체 사물 사이의 단절성을 강조한다면, 동양은 연속성을 강조한다. 따라서 서양에서는 이성에 의존하는 분석하는 학문(Wissenschaft)이 발달

---

153) 김용옥, 『기철학 산조』, 서울: 통나무, 1992, 130쪽.

했고, 동양에서는 감성에 의존하는 지혜(Weisheit)가 발달했다.

안병무는 하이데거의 실존철학에 의거해 이와 같은 동서양 사유(思惟)의 차이를 설명하려고 하였다. 서양적 사고에서는 개체 사물을 분석적이고 부분적으로 본다. 개체 사물은 '이렇게 존재한다'는 것을 밝히는 '실존론적인 규명'이 서양적 사유에서 초점을 이루고 있다는 것이다. 반면에 동양적 사고에서 개체 사물은 종합적이고 관계적으로 파악된다. 개체 사물이 '이렇게 존재해야 한다'는 당위성(명령)이 포함된 '실존적인 결단'이 동양적 사유의 특성이다.[154]

안병무는 서양 사상이 헬레니즘과 헤브라이즘의 틈바구니에서 형성되었다고 생각했다. 지성과 감성을 통해서 사물을 파악하는 전통이 헬레니즘과 연관성이 있다면, 의지와 신앙을 통해서 사물을 파악하는 전통은 헤브라이즘과 연관성이 있다. 서구 문화에서 이 두 조류는 하나가 다른 하나를 흡수하거나 동화되지 않은 채, 상호 간에 팽팽한 긴장 관계를 유지했으며, 그 과정에서 서구 사상이 형성되기에 이르렀다.

---

154) 안병무, 「사상의 주체성」, 『한국 민족 운동과 통일』, 서울: 한국 신학연구소, 2001, 57-58쪽.

이에 비해 동양에서는 혼합주의가 특징이다. 특히 한국의 사상적 풍토 속에는 유교와 불교, 샤머니즘적인 요소가 서로 혼재되어 있다. 안병무는 최치원의 군생접화사상에서 이와 같은 혼합주의적인 사고의 전형을 발견한다. "삼교(三敎)를 포함해 군생(群生)을 접화(接化)하였으되, 즉 들어서는 집에 효성을 다하고 나가서는 나라에 충성을 다하라 함은 공자의 뜻이요, 하염없는 일에 처해 말이 없는 도를 행함은 노자의 종(宗)이요, 모든 악은 짓지를 말고 모든 선을 받들어 행함은 석가의 교화다." 서양인들은 한국인의 혼합주의적인 심성을 "한국인은 불교적으로 생각하고, 유교적으로 예를 행하며, 삶의 위기 앞에서는 샤머니즘적인 기복신앙에 매달린다고 평가한다."[155] 안병무는 한국인의 사상적 특성을 혼합주의에서 발견했던 것이다.

『순교자』에 나타난 동양인의 신관

이와 동일한 지평에서 안병무는 서양인이 추구하는 신과 동양인, 특히 한국인이 추구하는 신관의 차이점을 김은국의 소설 『순교자』에서 찾았다. 이 소설의 무대는 6·25 당시 평양이다.

---

[155] 안병무, 「사상의 주체성」, 『한국민족운동과 통일』, 서울: 한국신학연구소, 2001, 58-59쪽.

줄거리는 이렇다. 1950년 10월에 공산당은 평양에서 14명의 목사를 체포했다. 이 중에서 12명을 총살하고 2명을 석방했다. 남한군의 정보기관으로부터 진상을 파악하라는 임무를 받은 이 대위는 평양에 남아 총살당한 12명을 조사하고 있었다. 남한의 정보기관은 이 사실을 빌미로 공산군의 잔인성을 세계에 폭로하려 했던 것이다. 즉, 유럽인들에게는 공산당에 대한 경각심을 불러일으키고, 한국인에게는 반공의식을 고취시키려는 정치 이데올로기적 의도에서다.

이 대위는 12명의 목사가 처형될 때에 현장에 있었던 살아남은 2명의 목사를 찾기로 결심한다. 그 중에 한 사람이 이 소설의 주인공인 신 목사다. 어떻게 해서 이 두 사람만이 살아남을 수 있었을까? 살아남기 위해서 그들은 다른 동료 목사들을 배신했을까? 아니면 공산당과 비밀리에 내통이라도 했을까? 이러한 의구심을 떨쳐버리지 못한 채 이 대위는 신 목사를 찾아간다. 신 목사는 자기가 총살 현장에 없었기 때문에 증인이 될 수 없다고 단호하게 대답을 기부한다.

그러나 얼마 후에 신 목사는 어느 교회에 초청을 받아 설교를 하게 된다. 그 자리에서 그는 12명의 목사들이 신앙을 지키며 순교를 당하는 장면을 직접 목격했다고 말한다. 그리고 자기 자신은 다른 목사들과 달리 비겁하게도 기독교 신앙을 저 버리고 공산군과 타협을 했기 때문에 살아남게 되었다고 실토하였다.

설교가 끝나자 그 자리에 함께 예배를 참석했던 동료 목사들과 평소에 그를 존경하던 성도들까지도 일제히 한 목소리로 신 목사를 배신자로 매도하기 시작했다. 며칠 후에 12명의 순교자를 위한 추도예배가 열렸다. 신 목사는 그들의 죽음 앞에서 우리들의 회개가 중요하며 순교자들의 죽음이 우리의 시들어 가는 신앙에 새로운 활기를 불어 넣어줄 것이라고 역설했다. 이런 식으로 신 목사는 회개를 외쳤으며, 6·25 전쟁의 참화로 인해 희망을 잃고 절망 속에 빠져있던 평양의 기독교인들에게 부흥의 불길을 타오르게 하려고 했다.

그런데 뜻밖에도 평양에 남아있던 인민군들이 국군에게 체포되는 과정에서 신 목사를 취조했던 인민군 소령이 잡혔다. 또 하나의 증인이 나타난 셈이다. 그런데 인민군 소령은 신 목사와 전혀 다른 진술을 하는 것이 아닌가. 인민군 소령은 사형당한 12명의 목사가 죽음 앞에서 비겁하고 졸렬했을 뿐만 아니라, 기독교 신앙을 배신하고 심지어 살아남기 위해 하나님과 예수까지 저주했다고 진술했다. 이와 달리 신 목사는 끝까지 신앙을 지켰으며 고문하는 자기 얼굴에 침을 뱉으며 저항했으며, 이 같은 신념에 찬 신 목사의 행동에 감동을 받은 인민군 소령이 그를 석방했다는 것이다.

인민군 소령의 진술을 듣자 이 대위는 충격에 휩싸였다. 한편으로는 신 목사를 존경하게 되었지만, 다른 한편으로는 거짓말을 해서라도 성도들에게 신앙적인 용기를 북돋아 주려 했던 신 목사에게 분노를 느꼈다.

이 대위는 신 목사를 다시 찾아갔다. 그리고 거짓 증언을 한 이유를 물었다. 마침내 신 목사가 입을 열었다. "사람을 살리는 것이 소위 진실을 말하는 것보다 중요할 때가 있습니다. 그래서 나는 광대놀음을 하기로 작정한 것입니다." 신 목사는 전쟁의 참화로 인해 절망 속에 빠져있는 평양의 기독교인들에게 거짓 환상을 심어 주고서라도 희망을 주어야 할 의무감을 느꼈다고 했다. "그들은 하나님에 대한 믿음이 필요합니다. 그것만이 이 전쟁의 참화에서 계속되는 고뇌에 찬 삶을 견딜 수 있기 때문입니다."

이 대위는 신 목사의 말을 어느 정도 이해할 수 있을 것 같았다. 이후에 중공군이 평양에 들어오기 시작했고 남한군은 철수할 수밖에 없었다. 이 대위는 신 목사에게 함께 동행하자고 거듭 설득했다. 그러나 신 목사는 평양에 있는 기독교인들과 함께 남겠다면서 거절했다. 전쟁이 끝나고 휴전이 되었다. 남쪽으로 피난해 온 기독교인들 사이에서 신 목사에 대한 풍문이 단편적으로 들려왔다. 그는 공산당원에게 죽었으나, 이곳저곳에 계속해서 나타난다는 것이다.[156)]

이 소설을 읽은 서구의 기독교인들은 신 목사를 '신 없는 성자'라고 불렀다. 신 목사는 신에게 아무런 응답도 듣지 못했지만 인간을 위해서 자기를 희생했기 때문이다. "이같이 덧없는 고통을 허용하는 하나님은 과연 존재할까?" 신 목사의 입에서 터져 나오는 이러한 실존적 물음 앞에서 안병무는 신을 이론적인 체계 안에서 파악하려는 서구화된 사고의 전형을 발견했다. 한국전쟁의 참화 속에서 까닭 없이 고난을 당하는 민중을 보면서 신의 존재 여부를 따지는 사람들, 그리고 유신론과 무신론의 테두리 안에서 이를 기준으로 신의 존재 유무를 따지는 사람들, 이는 사물을 둘로 갈라놓고 고립된 실체로 이해하려는 서구의 이분법적 사고 체계의 전형이라는 것이다. 이를 안병무는 신을 자기 사고의 틀에 가두어 두려는 행위라고 비판했다. 동양적인 사고 지평에서 볼 때, 유신론이

---

156) 안병무, 「동양의 한 시각에서 본 서구 신학의 비판」, 『기독교의 개혁을 위한 신학』, 천안: 한국신학연구소, 1999, 86-90쪽.

나 무신론이냐는 양자택일적인 신 이해는 생소할 뿐이라고 안병무는 생각했다.

안병무가 말하는 동양 사상이란 무엇인가? 대승불교의 핵심 사상에는 '색즉시공(色卽是空)', '공즉시색(空卽是色)'이 있다. 존재하는 모든 현상세계는 철저하게 비어 있다(sunyata)는 것이다. 존재 속에서 비어 있음을 보고(色卽是空), 동시에 비어 있음 속에서 존재를 보는 것이다(空卽是色). 왜 그런가? 존재는 비어 있음과 다르지 않고(色不異空), 비어 있음 또한 존재와 다르지 않기 때문이다(空不異色). 불교의 세계관에서는 있음[色]과 비어 있음[空]이 상호 의존되어있고, 변증법적으로 통전성으로 이해되고 있음을 볼 수 있다.

안병무는 불교의 공(空)이나 도가의 무위(無爲)사상을 '존재의 침묵'이라고 불렀다. 이 '존재의 침묵'은 나와 나 아닌 것 사이의 경계를 해체하고, 전체로서의 '하나[一者]'가 되는 참 존재의 시작이다. 공이나 무와의 만남은 안병무에게 있어서는 하나님과 만나는 계기가 된다. 기독교의 창조신학은 '무로부터의 창조(creatio ex nihilo)'를 말한다. 모든 피조물은 존재의 근거를 스스로 가지고 있지 않다는 것이다. 비어 있음[nihil]이 모든 피조물의 터전이라는 것이다.

불교의 공(空)사상은 하나님을 하나의 존재자로 파악하는 것을 방지해 준다. 만약 하나님이 다른 피조물처럼 하나의 존재자로 파악될 수 있다면, 그런 하나님은 상대성을 피할 수 없게 될 것이다. 만약 그렇다면 그런 하나님은 더 이상 절대자 하나님이 아니다.

서구 기독교는 신을 하나의 인격신으로 이해하여 상대화시켰다. 그러므로 신을 대상화하고, 신 앞에서 분명한 해답을 찾으려 했다. 신 목사는 유신론적인 신 없음[無] 앞에서 절망했다. 유신론적인 절망은 서구적인 사고의 결과다. 그러나 신 목사는 기도를 중단하지 않았다. 신은 침묵 속에 있고, 고난 너머가 아닌, 바로 고난 한가운데 현존하고 있다고 생각했기 때문이다.

안병무는 여기에서 십자가 처형을 당하는 예수의 침묵으로 시선을 돌렸다. 왜 예수는 수난을 당하면서도 침묵했을까? 그것은 인간의 이성이나 합리성을 초월한 현실, 또는 인간의 언어 너머에 존재하는 새로운 차원의 세계를 제시한 것이다. 안병무는 십자가 위의 예수상에서 서구적인 하나님의 표상을 찾을 수 없다고 말한다.

　예수의 부활을 언어로 개념화하지 않고 단지 '빈 무덤[空]'만을 말함으로써 예수의 부활을 증언하는 마가의 부활 이야기에 안병무는 주목했다. 빈 무덤을 발견한 여인들은 언어로 표현할 수 없는, 언어의 길이 끊어진 언어도단(言語道斷)의 현실을 경험했다. 부활의 진정한 힘은 '비어 있음[虛]'에서 나온다는 것을 경험한 것이다. 부활의 근원으로서의 '비어 있음'은 노자의 『도덕경』에서도 찾아볼 수 있다. 노자는 도(道)의 본질을 '빔[沖]'에서 찾았다.157) 빔은 공간적인 개념이 아니다. 빔은 모든 존재가 존재할 수 있는 모든 존재의 가능성이며 존재의 잠재태(潛在態: Potentiality)이다. 빔의 상실이 유위(有爲)이며, 빔의 극대화가 무위(無爲)다. 십자가와 부활 사건을 체계화하고 조직화하여 언어의 테두리 속에 가두려는 서구의 로고스 신학을 비판하면서 안병무는 십자가 사건과 부활 사건을 인간의 언어나 이성의 틀을 넘어 동양 사상의 지평에서 새롭게 해석했다.158)

　예수는 하나님 나라를 설교하면서도, 하나님 나라가 무엇

---

157) 도는 텅 빈 그릇처럼 속이 비어 있어서 아무리 써도 고갈되지 않으며 다시 채울 필요가 없다(『도덕경』 4장). 도의 본체는 텅 비어 있지만 무한한 효용성이 있다는 뜻이다.
158) 안병무, 「동양의 한 시각에서 본 서구 신학 비판」, 『기독교의 개혁을 위한 신학』, 천안: 한국신학연구소, 1999, 92쪽.

인지에 대해서는 전혀 말하지 않았다. 하나님 나라를 개념화하거나 그 어떤 설명을 가하지 않았던 것이다. 그는 유대 사회에서 죄인으로 낙인찍히고 소외된 사람들을 단죄하지도, 비판하지도 않았다. 예수는 그들에게 그 어떤 가치 판단을 내리지 않았다. 예수는 무(無)와 같은 존재인 무리들과 함께 식사를 하면서 동고동락했다. 그는 하나님 나라가 가난한 사람들에 속해있음을 선언했다. 하나님 나라는 인간의 언어로 형언할 수 없는 현실이요, 언어를 초월한 현실이다. 즉, 안병무가 말하는 '존재적인 침묵'에 상응하는 현실이 예수가 선포한 하나님 나라다.

안병무는 서구 신학이 예수 사건을 너무 언어의 틀에 가두었다고 비판했다. 예수를 연구하는 데 있어서 한 가지 측면, 곧 언어와 로고스의 측면으로 일방적으로 강조해서 다른 측면을 상실했다는 것이다. 예수 사건은 언어로 모두 담아낼 수 없다. 언어를 넘어서는 사건이기 때문이다. 서구 신학은 예수 연구에서 침묵의 측면을 상실했다. 하나님의 현실을 마음에서 마음으로 전달하는 이심전심(以心傳心)의 측면을 상실한 것이다.

성서는 진리의 양면성을 말한다. 진리는 말로 할 수 있는 것과 말로 할 수 없는 것, 표상할 수 있는 것과 표상할 수 없는 것이 있다. 성육신 사건이 채움(요 1:16)을 말했다면, 십자가 사건은 비움(빌 2:7)을 말했다. 십자가, 곧 예수의 침묵, 자기부정, 비움, 무, 공은 분명 예수 그리스도 사건의 한 측면을 형성하고 있다.[159] 예수는 "나를 따르려거든 자기를 부정하고 제 십자가를 지라"고 했다. 예수를 따르는 데는 자기부정이 선행되어야 한다. 그것은 인간의 말이 아니라 십자가를 지는 구체적인 행위를 통해서 가능해진다. 자기를 부정하고 자기를 초월할 수 있는 힘이 있어야 참 종교다. 믿음은 무엇인가? 자기 존재를 무조건 내어주는 것이다. 기독교는 서구의 개인주의적인 문명에 오염되어 자아 의식을 고양시키고, 자아 욕구를 성취시키는 도구로 신앙을 이용했다. 또한 신도 결국 '나'를 위해 존재하고 나의 행복을 증진시킬 때에만 참 신이 된다고 가르쳤다.

안병무는 기독교가 불교나 노자가 말하는 공(空)과 무위(無爲)사상을 겸허한 자세로 받아들여 기독교 복음의 참된 모습을 회복해야 한다고 주장한다. 기독교 복음의 핵심인 십자가와 부활 사건을 동양 사상의 지평에서 재해석한 것이다.[160]

---

159) 안병무, 위의 책, 93쪽.
160) 안병무, 「종교 고발」, 위의 책, 98쪽.

맹인 이야기와 인간의 본연성

동양 사상의 지평에서 성서를 이해하려는 안병무의 시도는 「요한복음」에 나오는 맹인 이야기에서도 드러난다.[161] 길을 가다가 태어나면서부터 맹인이 된 사람을 만나자 제자들은 예수에게 다음과 같이 물었다. "이 사람이 맹인으로 태어난 것이 누구의 죄입니까? 이 사람의 죄입니까? 부모의 죄입니까?" 이러한 제자들의 물음에서 안병무는 세 가지 사실을 지적했다.

첫째, 그들의 질문은 아주 교리적이라는 것이다. 제자들은 인간의 행복과 불행이 모두 자기 자신에게 달려있다고 생각했다. 그 사람이 맹인이 된 것은 자업자득이라고 생각했다. 둘째, 또한 제자들은 이를 통해 인간의 불행은 죄에 대한 형벌이라는 유대 사회의 고정관념을 확인하려 했다. 이러한 고정관념에서는 불행을 당하거나 희생된 사람에 대한 애도는 사라진다. 셋째, "나는 너와 다르다"는 차별 의식이 제자들의 질문 배후에 강하게 작용하고 있었던 것이다. 맹인이 죄값으로 고통을 당하고 있는 것이라면, 고통을 당하지 않는 그들은

---

161) 요 9:1-12.

죄가 없다는 교만한 마음이 질문 배후에 도사리고 있었다. 제자들이 던진 질문의 관심은 다른 데 있지 않다. 자신들과 맹인의 관계를 완전히 구분 짓고 차별화하는 데 있었다.

안병무는 맹자가 말하는 인간의 본연성(本然性)의 지평에서 본문을 해석했다.162) 맹자는 인의예지(仁義禮智)에 앞서 인간의 본연성으로 돌아갈 것을 강조한다. 인(仁)보다 앞선 것은 '측은지심(惻隱之心)'이며, 의(義)보다 앞 선 것은 '수오지심(羞惡之心)'이다. 예(禮)보다 앞선 것은 '사양지심(辭讓之心)'이며, 지(智)보다 앞선 것은 '시비지심(是非之心)'이다.

측은지심에 대해서 맹자는 한 가지 예를 들어 설명한다. 가령 한 아이가 우물에 빠졌다고 하자. 그 광경을 목격한 사람은 누구나 뛰어가 우선 물에 빠진 아이를 건지려 할 것이다. 이런 행동은 그 아이의 부모로부터 칭찬을 받겠다거나, 모른 척 했을 때에 받게 되는 손가락질이 두려워서 하는 행동이 아니다. 인간의 본심(本心)에서 우러나온 자연스러운 행동이다. 이러한 측은지심은 사변과 반성이 주로 작용하는 의식세계의 산물이 아닌 무의식세계에 뿌리를 둔 행위이다. 이러한 본연

---

162) 위의 책, 61쪽 이하.

심(本然心)에 따라 행동할 때 천하가 바로 다스려질 수 있다
고 맹자는 생각했다.

맹자가 말하는 인간의 본연성은 노자의 사상과 상통한다.
노자는 참 도를 살리기 위해서는 인과 의를 폐지해야 한다고
말했다(大道廢有仁義). 노자에게 있어서 도란 유위(有爲) 이
전의 인간의 본연성, 곧 무위자연성(無爲自然性)이다. 노자의
무위자연은 자연 질서에 대립되는 인간의 고립된 행위를 부
정함과 동시에 자연 질서에 합치될 수 있는 인간의 행위를 창
출한다. 무위는 아무것도 하지 않으면서 무위도식하는 것이
아니다. 자연의 흐름에 거슬리지 않고 본연성에 기초한 참 행
위가 무위(無爲)다.[163]

유교의 최고 덕목인 인과 의는 인간의 본연성을 떠난 것이
다. 이를 회복하기 위해서 노자는 인을 근절하고 의를 버리라
고 한다(絕仁棄義). 그래야 백성 가운데 효성과 자비가 다시
살아난다고 보았다(民復孝慈). 노자는 인의(仁義)를 반성적인
사유의 산물로 보았지만, 효자(孝慈)는 반성적인 사유 이전의
인간의 본연성으로 보았다. 노자의 무위자연사상은 사회 프로

---

163) 원정근, 『도가철학의 사유방식』, 서울: 법인문화사, 1997, 제7장
　　　참조.

그램을 원리로 삼으려는 대안을 제시하지 않는다는 점에서 반문화적이며 반사회적인 성격을 띠고 있다.

안병무도 노자의 사상에 가까이 서 있다. 그에 따르면 관념화된 인의(仁義)는 사람을 본래적인 심성에서부터 멀어지게 한다. 국가나 사회질서보다 더 중요한 것은 바로 너와 나의 인격적인 본연의 관계를 회복하는 일이다. 인의가 인간의 본연성을 해친다면, 그것은 마땅히 폐기처분되어야 할 것이다. 사회나 국가질서를 수립하기에 앞서 인간의 본연성이 회복되어야 한다. 이를 중시한다는 점에서 우리는 안병무의 사상에서 무정부주의적인 면모를 엿보게 된다.[164] 맹자의 측은지심, 노자의 무위자연, 불교의 무아(無我)사상을 통해서 안병무는 인간을 관념화된 세계로부터 해방시키는 동양 사상의 자유로움을 보았던 것이다.[165]

---

164) 안병무는 반평화적 요인 가운데 하나로 폭력으로 유지되는 국가권력을 들었다. 그는 함석헌과 더불어 국가지상주의를 비판했다. 정부는 작으면 작을수록 좋고, 통치가 없어지는 만큼 평화가 온다고 생각했다(안병무, 『한국 민족운동과 통일』, 한국신학연구소, 2001, 466-67쪽). 그 외에도 안병무의 무정부주의 사상을 곳곳에서 발견할 수 있다. 안병무, 위의 책, 「혼선된 역사」, 284-96쪽; 「분단의 장벽을 넘어서」, 347-55쪽, 참조.
165) 안병무, 『성서적 실존』, 66쪽.

제자들의 질문에 대하여 예수는 대답한다. 이 사람이나 그의 부모가 죄를 지어서 소경이 된 것이 아니라고 대답했다(요 9:3). 예수의 대답은 너와 나의 관계를 가로막는 인위적이고 관념화된 지배 이데올로기를 제거해 소경의 상태를 인간 본연의 자리에서 보도록 했다.

도대체 누구의 죄 때문에 이 사람이 소경이 되었느냐는 제자들의 물음은 과거를 기점으로 현재를 평가하는 방법이다. 관념화는 다른 것이 아니다. 과거의 잣대로 현재를 보는 것이다. 그런데 예수는 이와 다르게 보았다. 이 사람이 소경이 된 것은 "다만 하나님의 하시는 일이 그에게서 나타나기 위한 것이다"라고 한다.

사물을 보는 데는 두 가지 시각이 있다. '무엇 때문에(of what)'의 시각과 '무엇을 위해서(for what)'의 시각이다. 현재를 보는 시각도 과거에서 보는 시각과 미래에서 보는 시각이 있다. 필연성의 시각이 있고 우연성의 시각이 있다. 폐쇄적인 시각이 있고 개방적인 시각이 있다. 예수는 소경의 현실을 항상 미래 지향적이고 개방적인 시각에서 보았다. 가능성과 본연성의 시각에서 보았던 것이다.[166)]

바울의 몸 이해와 동양 사상

서구의 이원론적 신학을 극복하기 위한 하나의 방편으로 안병무는 바울의 '몸(soma)' 개념에 주목했다. 바울에게 있어 몸은 인간의 어느 부분을 말하는 개념이 아니다. 사람이 몸을 가진 게 아니라 사람이 곧 몸이다. 몸은 살도 피도 아니며, 영도 육도 아니다. 그렇다고 그런 것을 제외한 그 무엇도 아니다. 몸은 영과 육의 종합체가 아니다. 따라서 몸은 분해될 수 없다.

바울은 '몸'을 이원론적인 개념을 들어 설명한다. 예를 들어 영(靈)을 강조할 때에는 육에 대한 집착으로부터 해방시키기 위한 경고요, 육(肉)을 강조할 때에는 사람이 몸임을 잊고 인간을 추상화하는 데 대한 경고이다. 이러한 바울의 몸 개념은 히브리 전통이나 그리스 전통에서도 찾아보기 힘들 정도로 독특하다. 이는 바울이 이원론이 지배하는 풍토 속에서 복음을 전파했다는 것을 알려준다.

그리스 철학 중에 영지주의(Gnosticism)가 있다. 영지주의자들은 세계를 둘로 나누어 상호 대립적이고 적대적인 관계로

---

166) 위의 책, 70쪽.

이해하였다. 그들에 따르면 영은 참이고 육은 거짓이며, 영은 선하고 육은 악하다. 인간은 본래 영적 존재였으나, 우발적인 계기로 육이라는 감옥에 갇히게 되었다. 그래서 영지주의자들은 인간의 실존을 육에 갇힌 실존, 또는 본질에서 소외된 실존으로 이해하였다. 따라서 그들에게 있어 구원이란 다른 것이 아니다. 육의 감옥에서 탈출하는 것이요, 소외된 실존에서 본래의 영적 자아를 회복하는 것이었다.

영지주의를 신봉하는 기독교인들은 복음을 이러한 시각에서 보았다. 그들은 예수가 육으로 온 것을 부정했다. 하나님이 인간이 되신 성육신 사상을 거부했다. 예수의 수난과 부활 사건도 역사적 사건이 아니라고 했다. 로마에 의해서 수난을 당하고 십자가에서 처형당한 것은 예수 그리스도가 아니라 단지 나사렛 청년일 뿐이었다. 수난을 당하고 십자가에서 처형되기 전에 진정한 영적 존재인 그리스도 예수는 하늘로 올라가고 그 자리에 없었다.

다른 한편으로 바울은 극단적으로 육을 찬양하며 쾌락에 빠진 영지주의자들에 대항하여 싸워야 했다. 이들의 논리에 의하면 인간은 영과 육으로 나누어져 있는데, 하나님께는 영의 구원에만 관심을 갖기 때문에 육은 방종과 자유에 내맡겨도 구원받는 데는 전혀 상관이 없다고 생각했다.

바울은 이러한 영지주의 이단사상에 직면하여 복음의 진리를 수호하지 않으면 안 되었다. 이때 바울이 내건 슬로건이 다름 아닌 몸(soma)이었다. 인간은 영만도 아니고 육만도 아니다. 인간은 몸으로 존재한다. 곧, 전체로 존재한다. 예를 들어 창녀와 잠자리를 같이 하는 사람은 창녀와 한 몸이 되는 것이고, 그것은 곧 그리스도의 몸에서 떨어져나가는 것이라고 바울은 보았다(고전 6:13). 인간의 몸은 어떤 것에 내어 맡기느냐에 따라 육의 몸도 될 수 있고 영의 몸도 될 수 있다. 인간은 가능성의 존재인 것이다.

몸은 통째[全體]로서만 존재한다. 어떤 모양으로든지 분리시키면 그것은 이미 몸이 아니다. 사람은 몸이어서 사람이다. 그것은 전체일 때만 사람이라는 말과 같다. 그러므로 사람은 몸으로 듣고, 몸으로 말한다. 몸으로 보고, 몸으로 생각한다. 몸으로 사랑하고, 몸으로 행동한다. 인간이 전체성을 잃어버리면, 귀로 듣고 입으로 말하게 된다. 눈으로 보고 머리로 생각하게 된다. 몸이 분열되었기 때문이다. 몸의 전체성이 깨어지고 분열된 상태가 다름 아닌 죄다.

몸은 삶 자체이기 때문에 구체적이다. 또한 몸은 구체적이기 때문에, 시공의 제약을 받는다. 몸은 역사적 존재다. 그러나 몸은 역사적 존재이면서 동시에 역사에 매이지 않는다. 안병무는 바울의 이러한 몸 개념이 서구인들보다는 동양인들에게 더 친근하다고 생각했다.167)

서구인들은 사유(Denken)를 통해서 사물을 파악하려는 전통이 있다. 사유는 과학(Wissenschaft)을 발달시켰다. 사유에 근거한 과학과 합리성은 휴머니즘에 근거한 근대 서구의 자본주의 사회를 형성하는 데에 중요한 역할을 했다. 서구인은 사유로 명상하고, 사유로 기도하며, 합리적으로 생각하여 이해 가능할 때 행동하게 된다.

이와 달리 안병무에 따르면 동양인은 몸으로 사물을 파악한다. 직관적인 '깨달음[覺, Weisheit]'의 전통이 그것이다. 인도의 요가 '명상(冥想)'이나 중국 불교의 '선(禪)'은 사유로부터의 단절을 깨달음[覺]의 세계로 들어가는 지름길이라고 설명한다. 동양은 사유와 언어가 멈춘 그 자리에서 진리의 세계가 펼쳐진다고 가르친다. 깨달음이나 진리에 이르기 위해서는

---

167) 안병무, 『성서적 실존』, 48-58쪽.

명상이나 몸 수행이 필수적이다.

몸의 수행에서는 호흡과 마음가짐과 자세가 중요하다. 이 셋이 하나로 통일되어 한 몸이 될 수 있어야 명상이 가능하고 깨달음[覺]에 이를 수 있다고 안병무는 생각한다.[168]

오늘날 한국 교회의 근본 문제는 무엇인가? 안병무는 몸의 전통을 잃어버린 데서 찾는다. 기독교가 몸의 수행을 도외시했기 때문에, 머리, 팔, 다리가 제각기 따로 논다. 그러므로 몸의 전통을 회복하는 일이 시급하다고 보았다. 몸의 힘을 되찾고, 몸으로 역사에 참여해야 한다. 바울은 그리스도 사건을 몸으로 파악하고, 몸으로 참여했다. 그의 신앙은 곧 몸의 신앙이며, 그의 편지는 곧 바울의 몸 자신이었다.[169]

---

168) 인간은 90일 동안 밥을 안 먹어도 살고, 일 주일 동안 물을 안 마셔도 살 수 있다. 하지만 5분 동안 숨을 쉬지 않으면 죽는다. 생명은 곧 숨이요, 숨은 곧 생명 그 자체다. 숨을 내쉼[呼]으로써 우주와 내가 하나가 되고, 숨을 들이쉼[吸]으로써 우주와 내가 분리된다. 숨을 내쉼[呼]으로써 내 몸 속에 있던 기(氣)를 우주로 내보내고, 숨을 들이마심[吸]으로써 우주의 생명 에너지를 받아들인다. 한 번의 호흡을 통해 나와 우주는 하나가 된다. 인간은 몸을 통해서 우주와 소통한다. 쉴링(Ch. Shilling)은 몸을 사회적인 산물인 동시에 생물학적인 실체로 보았다. 그는 몸을 정신과 육체로 이루어진 총체적 실체로 보았다. 일반적으로 'body'는 전체로서의 몸을, 'flesh'는 몸의 한 측면인 살 또는 육을 말한다(크리스 쉴링, 임인숙 옮김, 『몸의 사회학』, 나남출판사, 2000, 참조).

인격신의 해체

기독교는 하나님을 하나의 '인격(persona)'로 이해한다. 삼
위일체 하나님에 관한 교리가 대표적이다. 삼위일체 신론이란
무엇인가? 문자적으로 해석하면 각기 서로 다른 인격인 성부,
성자, 성령이 '하나의 몸[一體]'을 이루고 있다는 뜻이다. 삼
위일체 신론은 하나님에게 위격을 부여한다. 위격화된 하나님
은 나와 하나님을 분리시킨다.

이를 극복하기 위해 서구 신학은 성령을 강조했다. 그러나
그들은 성령 또한 시간과 공간의 포로인 하나의 인격신으로
만들어버렸다. 안병무는 인격신 개념의 한계를 분명히 인식했
다. 기독교는 인격신 사상을 넘어서야 한다고 생각했다.

이와 함께 안병무는 민중을 개념화하거나 정의하는 것도
거부했다. 민중은 살아 움직이는 생명체인데, 민중을 개념화
하면, 민중의 본래 모습은 사라지고, 추상화되고 박제화(剝製
化)된 민중만이 남게 된다는 것이다.[170] 마찬가지로 그는 하

---

169) 안병무, 『성서적 실존』, 57-58쪽.
170) 안병무, 「민중신학의 성서적 근거」, 『민중과 성서』, 한길사, 1993
　　참조

나님의 인격화를 거부했다. 안병무에 따르면 개념화된 하나님
은 더 이상 참 하나님이 아니다.

노자는 『도덕경』에서 "도(道)를 도라고 말하면 그것은 늘 그
러한 도가 아니다(道可道 非常道). 이름을 이름 지우면 그것
은 늘 그러한 이름이 아니다(名可名 非常名)"라고 했다.171)
도에는 '가도(可道)'와 '상도(常道)'가 있는데, 인간의 언어로
표현 가능한 도(道), 곧 개념화되고 인격화된 도는 인간의 언어
로 한계 지을 수 없는 '본연의 도'와 다르다는 것이다. 노자는
인간의 언어가 갖는 한계성을 분명히 인식하면서, 인간의 인식
을 초월한 또 하나의 세계가 있음을 우리에게 보여주고 있다.

우리가 사용하는 언어는 사회적 약속이다. 따라서 언어는
사회적인 제약을 받는다. 인간의 사유 체계는 언어의 산물이
기에 사유 체계도 언어에 의해 제한된다. 따라서 어떤 사물이
든지 언어로 표현된다면 그 순간 언어의 틀에 갇혀버려 본연

---

171) 노자, 『도덕경』 제1장(김용옥, 『노자와 21세기』, 통나무, 1999,
　　　제1장 해설 참조). 도는 우주 만물의 근원이요, 생성변화의 원동
　　　력이고 원리다. 도는 형이상학적 실재이기 때문에 인간의 인식을
　　　초월한 무이다. 그러나 도의 작용으로 만물이 생성, 변화, 발전,
　　　운행하고 있다. 도의 체(體)는 무(無)지만, 도의 용(用)은 유(有)
　　　다. 실체[體]는 없으나 작용[用]은 있는 것이 도의 특징이다.

의 모습을 잃게 되고 만다.[172] 사물의 세계가 인간의 언어로 개념화할 수 없다면, 하나님은 더욱 그렇지 아니한가?

'하나님'이라고 표현된 하나님, 곧 인간의 언어로 설명된 하나님은 이미 본연의 하나님과는 거리가 멀다. 하나님은 인간의 언어와 인식을 초월한 실재이기 때문이다. 하나님은 주체로부터 분리되어 개념화되거나 대상화될 수 있는 분이 아니기 때문이다.

하이데거는 '존재(Sein)'와 '존재자(Seiende)'를 구분한 후에, 하나님을 존재자로 대상화하여 파악해서는 안 된다고 말했다. 14세기에 활동했던 독일의 유명한 신비가인 마이스터 에크하르트(Meister J. Eckhart)는 기도와 찬미의 대상인 '인격적인 하나님(Gott)'과 대상화할 수 없는 '하나님의 본성(Gottheit)' 그 자체는 엄격하게 구분해야 한다고 말했다. 인간에게 나타난 하나님은 계시된 하나님이다. 하나님께서 인간에게 계시해

---

172) 하이젠베르크의 양자 물리학에 따르면 미시세계에서 관찰 대상은 그 조건과 관찰자의 의지에 영향을 받게 된다. 따라서 순수 객관적 대상에 대한 인식은 불가능하다. 관찰한다는 것은 조건 설정을 전제한다. 그것은 곧 전체와의 단절된 부분화이다. 관찰 주체자가 측정 도구들을 동원해 관찰을 하면, 객체인 관찰 대상은 이미 관찰 이전에 있던 본연의 모습을 잃게 된다.

준 그 만큼만 우리는 하나님을 알 수 있다. 다시 말해 '계시된 하나님'과 '숨겨진 하나님'은 구분되어야 한다는 것이다. 하나님 그 자체는 계시된 하나님 그 이상이다. 시간과 공간, 그리고 한정된 언어로 파악하는 하나님이 결코 본래의 하나님이 될 수 없다.[173]

안병무는 노자와 마찬가지로 상도(常道)를 도 가운데 가장 으뜸가는 도라고 했다. '쌍놈[常者]', 곧 민중이 가는 길이 상도다.[174] 나무를 살리는 뿌리가 흙 속에 있듯이, 쌍놈의 길, 곧 상도는 언어를 초월한 영역에 있다. 안병무는 하나님과 민중의 속성을 이와 같이 노자가 말하는 도의 지평에서 이해했다.

성령과 기(氣)

안병무는 동양의 '기(氣)' 사상에도 주목했다. 도(道)와 마찬가지로 기(氣)는 그 실체를 파악할 수 없다. 하지만 대신 그 작용은 파악이 가능하다. 기는 곧 생명의 원천이요, 에너지다. 장자는 삶은 곧 기가 모인 것이요, 죽음은 곧 기가 흩어진 것이라고 보았다.[175] 기는 우주를 관통하는 힘이요, 생명의 근

---

173) 길희성, 「공(空)과 하나님」, 김승혜 엮음, 『선불교와 기독교』, 서울: 바오로 딸, 1996, 제11강 참조.
174) 안병무, 「세계 한 민중의 새 지평」, 『민중신학』 창간호, 한국신학연구소, 1995.

원으로 인식되었다.

노장 사상에서 강조하는 기(氣) 사상은 공자를 정점으로 이루어졌던 체제 지향적인 유교 문화에 저항하는 성격을 지녔다. 제도가 존재하기 이전의 생명의 원천으로서의 기에 대한 노장의 성찰은 생명의 흐름과 생동력을 차단하는 인위적인 유교 문화에 저항하는 일종의 반문화운동(Counter Culture Movement)이다. 기는 곧 숨이며 힘이고 소통이다.

안병무는 노장의 기 사상에 근거하여 「요한복음」 1장 1절을 재해석했다. 그는 로고스를 기로 대체하여 "태초에 말씀이 있었다"를 "태초에 기가 있었다"라고 말했다.[176] 구약성서에

---

175) 『장자』, 「지북유편 知北遊編」에서는 인간을 포함한 만물의 생멸(生滅)을 기의 이합집산(離合集散)으로 설명한다. "삶은 죽음의 동류요, 죽음은 삶의 시초로서 끊임없이 되풀이되건만, 누가 그의 주재자를 알 수 있는가? 사람이 낳는 것은 기운이 모이는 것[聚]으로서, 기운이 모이면 삶이 되고, 기운이 흩어지면[散] 죽음이 되는 것이니, 만일 죽음과 삶이 동류라면, 내 또한 무엇을 근심하겠는가? 그러므로 만물은 하나이다." 장자는 인간의 생명이 천지 음양의 기를 받음으로써 형성된다고 본다. 인간의 기와 천지만물인 대자연의 기가 본래 동질(同質)임을 주장한다(小野澤正, 전경진 옮김, 「중국에 있어서의 자연관과 인간관의 전개」, 『氣의 思想』, 전북: 원광대학교 출판국, 1993, 161-63쪽 참조).
176) 안병무, 「기가 막힌 세상」, 『기독교의 개혁을 위한 신학』, 서울: 한국신학연구소, 1999, 521-22쪽.

나오는 '루아흐(ruach)'라는 히브리어를 신약성서에서는 그리스어로 '프뉴마(pneuma)'로 번역했는데, 이는 본래 숨, 바람, 생명, 에너지라는 뜻을 지니고 있다. 다시 말해 생명의 근원으로서의 동양의 기(氣)와 상통한다. 프뉴마는 인격이나 상(像)으로 형상화할 수 없다. 영은 바람과 같이 어디서 불어와 어디로 가는지 알 수 없으나, 그 실재(實在)함은 알 수 있다. 영은 한 곳에 머물러 있지 않으나, 없는 곳이 없다. 프뉴마의 특성은 동양의 기와 마찬가지로 고정된 틀에 매이지 않는 자유 자재함과 편재성에 있다.

안병무는 이 같은 노장의 기(氣)와 성서의 영(靈) 사상을 민중신학의 지평에서 해석했다. 기는 생명의 흐름이다. 모든 생명체는 기의 소통과 연관이 있다. 기가 막히면 죽고, 기가 뚫리면 산다. 기가 죽으면 죽고, 기가 살면 산다. 생명은 곧 기의 뚫림이요, 소통이다. 기는 모든 생명체의 본질이다. 민중도 이와 같다. 민중은 인류 역사의 생명의 본질이요, 흐름이다. 민중의 기가 살면 역사가 살고, 민중의 기가 죽으면 역사가 죽는다. 민중이 바로 기의 담지자요, 기의 원천이다.[177]

---

177) 안병무, 「민중신학의 회고와 전망」, 「세계 한 민중의 새 지평」, 『민중신학』 창간호.

그렇다면 민중의 기를 가로막고 억누르는 것은 무엇인가? 현실 정치 권력이다. 기의 특성을 노자가 '스스로 그러함[自然]'에서 찾듯이, 민중의 특성을 안병무는 '스스로 그러함'에서 찾는다. 안병무는 함석헌의 씨알사상에 따라 민중의 '내버려 둠'을 강조했다. 함석헌은 생명과 생명의 관계를 다윈의 적자생존(適者生存)과 약육강식 논리가 아닌 상생(相生)과 공존(共存)에 근거한 평화와 조화로움에서 찾았다. 씨알의 본성은 경쟁이 아니다. 협조와 조화다. 상호 협동과 조화로움을 통해서 새로운 생명을 잉태하는 것이 씨알이다. 그렇기 때문에 씨알을 씨알 그대로 내버려둔다면 저절로 평화가 올 것이다. 이처럼 함석헌의 씨알사상은 곧 평화사상과 연결된다.[178]

함석헌의 씨알은 안병무가 말하는 민중과 동의어이다. 하지만 현실 정치 권력은 민중의 생명을 그대로 꽃피게 놓아두지 않으며, 민중의 기의 흐름을 차단하고 억압한다. 현실 정치는 권력의 집중화를 통해서 억압함으로써 민중의 기를 꺾기도 하고 죽이기도 한다. 결국 안병무는 휴머니즘적 아나키즘과 민중신학의 제휴를 촉구했다고 볼 수 있다.[179]

---

178) 안병무, 「기가 막힌 세상」, 『기독교의 개혁을 위한 신학』, 서울: 한국신학연구소, 1999, 522쪽.
179) 아나키즘에서는 현대 국가가 모든 권력을 독점하여 불필요하게 시민을 억압하기 때문에, 권력 자체를 해체하거나 개인의 권리를

노자와 안병무의 페미니즘

노자는 최고의 선, 곧 "도(道)를 물과 같다(上善若水)"고 하였다.[180] 물은 결코 아래에서 위로 흐르지 않는다. 항상 위에서 아래로 자기를 겸손하게 낮춘다. 그러나 물은 어디에든 있다. 히말라야 산꼭대기에도, 푸른 하늘 위에도 있다. 물은 항상 자기 자신을 낮추면서도 이 세상 모든 곳에 존재한다. 물은 항상 자기 자신을 낮춘다. 낮춘다는 것은 자신을 비우는 것이며, 사람들이 싫어하는 곳에 머무는 것이다. 예수가 왜 마구간에서 태어났는가? 왜 예수가 십자가에서 죽었는가? 예수는 물과 같이 끊임없이 자기 자신을 낮추고 무화(無化)됨으로써 모든 생명의 구주가 되었다.

물에 대한 이미지에서 가장 주목할 것이 '부쟁(不爭)' 사상이다. 물은 자신을 낮추며 아래로 흐른다. 돌이나 장애물을

보호하는 정도로 축소해야 한다고 주장한다. 90년대에 한국 사회에서도 아나키즘이 새롭게 부각되있다. 한국 아나키즘의 주류는 신사회운동의 핵심인 환경운동과 자립공동체 운동으로 수렴된다 (구승희, 「에코 아나키즘」, 『에코필로소피』, 새길, 1995, 103-50쪽 참조).

180) "최고의 선은 물과 같다(上善若水). 물은 만물을 이롭게 하면서 다투지 아니하며(水善利萬物而不爭), 사람들이 싫어하는 곳에 처하니(處衆人之所惡), 그러므로 도에 가깝다(故幾於道)"(『도덕경』, 8장).

만나면 그것과 부딪히거나 다투지 않고 점잖게 돌아서 지나
간다. 또한 물은 만물을 이롭게 한다(水善利萬物). 물은 하늘
에서는 안개나 이슬이 되고, 땅에서는 샘의 원천이 되어 만물
을 자양(滋養)한다. 다투지 않으면서도 어디를 가든 모든 것
을 이롭게 한다.

물은 흐르면서 높은 곳을 깎아내고 낮은 곳을 돋아준다(損
有餘而補不足). 물은 어느 곳에 있든지 항상 수평(水平)을 유
지한다. 이러한 노자의 물에 대한 이미지는 사회적 평등사상과
결부되어 있다. 물은 무자성(無自性)이다. 동그란 그릇에 담으
면 동그랗게 되고, 세모난 그릇에 담으면 세모가 된다. 물은 고
정된 형태가 없고 자기를 규정하지 않는다. 물은 세상에서 가
장 부드럽고 약하다. 하지만 아무리 굳고 단단한 것을 만나도
이를 돌아 지나갈 수 있다. 따라서 어떠한 힘도 물을 이길 수
없다. 약함이 강함을 이기고 부드러움이 굳셈을 이기는 물의
특성은 도(道)에 가장 가깝다. 물의 소리 없는 흐름, 타자와 다
투지 않으면서도 만물을 이롭게 하고, 우주 만물에게 생명을
부여하며 항상 평등을 지향하는 물이야말로 민중의 전형적인
모습이다. 안병무에 따르면 민중은 물과 같다(民衆若水).

안병무의 '페미니즘적(feministic) 민중신학'은 노자의 곡신불

사(谷神不死) 사상에서도 찾을 수 있다.[181] 골짜기가 있기에 봉우리가 두드러질 수 있다. 자태를 드러내는 봉우리보다 감추고 있는 골짜기가 더 본원적이며 본질적이다. 노자는 남성보다도 여성이 우주 본질에 더 근접한다고 보았다. 왜 그런가? 여성은 생명의 모체이기 때문에 도의 모습에 더 가깝기 때문이다.

안병무는 노자가 중시했던 물, 아래, 골짜기, 음지, 변두리, 여성의 페미니즘적 민중신학의 새로운 영역을 개척하려 했다. 전기(前期) 안병무 신학이 사회 역사적인 맥락에서 민중의 존재를 탐구했다면, 후기(後期) 안병무 신학은 동양의 생태 페미니즘과의 연관성 속에서 민중의 의미를 새롭게 탐구했다. 안병무는 아쉽게도 이런 신학의 과업들을 본격적으로 발전시키지 못했다.

---

181) "골짜기의 신은 죽지 아니하니(谷神不死), 이것을 현묘한 암컷이라 이름한다(是謂玄牝). 그 현묘한 암컷의 문(玄牝之門), 그것을 천지의 뿌리라고 한다(是謂天地根). 그것은 있는 듯 없는 듯하며(若存) 아무리 써도 다함이 없다(用之不勤)"(『도덕경』, 6장). 여기에서 곡신이 무엇을 뜻하는지 불분명하다. 텅 비어 있음을 나타내는 도를 상징할 수도 있고, 생명을 낳는 여성의 성기를 상징할 할 수도 있다. 아마도 노자는 도의 여성적 이미지를 곡신으로 표상한 것 같다. 남성적 이미지가 활동적이고, 발산적이며, 공격적이고, 강하고, 딱딱하고, 빠르다면, 여성적 이미지는 고요하고, 수렴적이며, 약하고, 부드럽고, 수동적이며 느리다. 안병무는 물을 기로 보았다. 곡에서 물이 증발해 올라가면 기가 된다(「생명과 민중신학」, 『민중신학』 창간호, 한국신학연구소, 1995, 21쪽).

만년의 안병무는 자연 속에서 자기 자신의 또 다른 모습을 본다고 하였다. 자연과 동질감(同質感)을 느낄 뿐만 아니라, 자연 속에서 자연의 말 없는 말을 듣는다고 말했다. 언어를 통해서 야기되는 인간 관계의 갈등과 오해를 원천적으로 해소할 수 있는 길을 자연의 침묵의 언어에서 배우고자 했다. 만년에 안병무는 존재의 참모습이 일상적인 언어로는 설명할 수 없는 그 너머의 세계에 있다고 믿었다.

그러면서도 안병무는 언어 너머에 있는 진리의 세계를 일상 언어로 표현하려는 노력을 게을리 하지 않았다. 언어는 어디까지나 의미를 전달하는 수단에 지나지 않는다는 것, 그리고 언어를 통해서 의미를 얻고 난 후에는 언어를 버려야 진리의 세계에 도달할 수 있다는 점을 그는 결코 간과하지 않았다.[182]

---

182) 『장자』, 「외물편」, 참조. "통발은 고기를 잡는 데 있으니, 고기를 얻었다면 통발을 잊어버려야 하고, 올가미는 토끼를 잡는 데 있으니 토끼를 얻었다면 올가미를 잊어야 하며, 말이란 뜻을 얻는 데 있으니 뜻을 얻었다면 말을 잊어야 한다. 내가 어찌하면 저 말을 잊은 사람과 더불어 말할 수 있으리오!" 장자는 언어를 물고기를 잡는 통발과 토끼를 잡는 올가미에 비유한다. 물고기나 토끼를 잡으면 통발이나 올가미가 필요 없는 것처럼, 언어를 통해서 의미를 얻으면 언어에 매어서는 안 된다. 본문에서 장자는 언어를 통해서 언어로부터 해방된 사람과 더불어 말하고 싶다는 간절한 소망을 피력한다.

21세기를 예견하는 자리에서 안병무는 '인간 중심적'이고 '로고스 중심적'인 기독교의 가르침으로는 인류의 희망을 발견하지 못한다는 것을 분명히 했다. 만년에 안병무는 스스로 전통적 의미에서 "나는 더는 기독교인이 아니다"라는 말을 자주 했다. 본회퍼가 "신 없이 신 앞에(ohne Gott vor Gott)" 서의 삶을 주창했듯이, 그는 기독교인으로서의 제도화된 기독교 권위주의에 맞서 평생 투쟁했다. 안병무는 신 없이 신 앞에서 자연과 더불어 구도자적인 삶을 살았던 기독교인이었다.

5. 안병무와 한국 교회

복음의 토착화

기독교 복음이 어느 특정 지역에 전파될 때, 그 지역의 전통 문화와 충돌하거나 아니면 문화의 수용 과정에서 새로운 모습을 띠지 않을 수 없다. 복음이 토착 문화에 흡수되는 경우가 있을 수 있고, 반대로 토착 문화가 복음에 흡수되는 경우도 있다. 복음이 타 문화 속에 뿌려져 자리를 잡는 토착화 문제는 기독교 선교의 중요한 화두가 되었다.

안병무는 한국 기독교 전래 1백 주년 기념 논문에서 한국 교회의 토착화(土着化) 문제를 심도 있게 다루었다.[183] 토착

---

183) 안병무, 「한국 신학의 현황과 과제」, 『기독교의 개혁을 위한 신학』, 서울: 한국신학연구소, 1999, 362-63쪽.

화 신학은 한국 기독교의 자기발견과 정체성 수립을 위한 노력과 함께 한국 기독교가 세계와의 관계를 바르게 설정하기 위한 노력에서부터 형성되었다고 볼 수 있다. 안병무는 한국 교회에서 복음의 토착화를 논의할 때 유의해야 할 사항 몇 가지를 제언했다.

첫째로 한국 교회의 1백 년 간의 신앙 유산을 신학적으로 철저하게 재검토해야 한다. 이를 위해 한국 교회의 주류를 형성하는 보수신학계의 전통과 현실 상황을 객관적으로 파악할 필요가 있다. 둘째는 성서의 재발견이 필요하다. 즉 성서가 우리 것이 되도록 하는 성서 원문의 우리말 번역 작업이 더욱 활성화되어야 한다. 셋째는 서구 신학과 부단한 대화를 계속해야 한다. 토착화 신학은 국수주의 신학이나 민족주의 신학과는 다르다. 한국 기독교는 세계 기독교와 연대하면서 자기 위치를 설정하고 복음의 정체성을 확립해 나가야 한다.

그러면 오늘날 한국 교회의 신학계는 이떠한 상태에 있는가? 한국 신학계를 총괄적으로 진단하는 논문에서 한철하는 신앙의 진리를 탐구하고 규명하려는 자유주의 신학에 대항하여 '자기 정체성'을 잃지 않으려는 노력에서 한국 보수주의 신학이 형성되었다고 진단했다.[184] 그에 따르면 한국 보수주의 신학의 주요 내용은 성서의 절대 권위를 수호하기 위하여 웨스트민스터 신앙고백을 복음의 절대 기준으로 삼아 신봉하고 있다는 것이다.

한국 교회는 성서 말씀을 수호하는 것을 생명처럼 내세웠다. 성서 말씀에 대한 뜨거운 열정과 절대적인 신봉에도 불구하고 한국 교회에서 성서신학(biblical theology)이 뒤늦게 발달한 이유는 무엇 때문일까? 안병무는 성서해석 방법론에서 그 원인을 찾았다. 성서학에서 보수와 진보의 경계는 한철하가 말하는 것처럼 '성서의 자기 정체성'의 문제가 아니라, 성서를 어떻게 해석하느냐 하는 문제였다. 성서를 해석하는 데 있어서 소위 역사비평학(historical criticism)을 수용하느냐 아니면 거부하느냐에 따라 한국 신학계는 진보와 보수로 이분화되었다.

1960년대에 접어들자 한국 신학계에서 비로소 토착화 신학 운동이 일어나기 시작했다. 윤성범은 유교적 전통이 지배하는 한국 사회에 기독교가 뿌리를 내리기 위해서는 복음의 토착화가 필요하다고 생각했다. 그는 유교사상이 응집되어 있는

---

184) 『기독교 연감』, 1970, 44-72쪽.

성(誠)이란 개념을 기독교 복음의 핵심인 성육신(incarnation) 사상과 접목하려고 하였다. 그 결실이 윤성범의 '성(誠)의 신학'이다.

유동식은 기독교 복음을 고대 신라 시대의 화랑정신이 응집되어 있는 풍류(風流)와 접목해 소위 풍류신학(風流神學)을 전개했고, 문상희는 신흥 종교를 연구함으로써 한국인의 심성을 기독교 복음에 접목했다.

안병무는 이들이 모색하고 있는 토착화 신학의 문제점을 다음과 같이 지적했다. 첫째, 토착화 신학에서는 텍스트(Text)와 컨텍스트(Context)가 분명하지 않다. 무엇이 토양이며 무엇이 씨앗인가? 한국 문화가 씨앗이고 복음이 토양인가? 복음이 씨앗이고 한국 문화가 토양인가?

둘째, 씨앗과 토양의 관계를 어떻게 설정하는가? 씨앗을 토양에 심는 것인가? 아니면 토양 자체가 이미 씨앗을 포함하고 있는가? 복음은 토양과 이질적인 것으로 토양을 변화시키는 역할을 하는가? 아니면 한국인의 심성 속에 이미 복음의 씨앗이 있는가? 셋째, 텍스트와 컨텍스트와의 관계다. 이들이 서로 조화를 이룰 때에 인류가 살 수 있는가, 아니면 양자가 긴장과 갈등 속에 있을 때 인류가 발전하고 진보하는가?[185]

따라서 한국 교회는 토착화 운동을 전개하기에 앞서 해결해야 할 문제가 있다. 안병무는 한국 교회가 '복음'을 잘못 이해하고 있기에, 무엇보다도 복음의 개념을 분명히 하는 것이 한국 성서학자들의 의무라고 생각했다.

복음과 토착 문화는 주객 이분법 개념으로 이해해서는 안 된다. 상호 관계성 속에서 이해해야 한다. '기쁜 소식'이라고 할 때에, 그것은 그 소식을 듣는 청중의 구체적인 상황이 있을 것이다. 복음은 청중의 구체적인 문화적 상황 속에서 해석해야 한다. 바울이 복음을 율법과의 대립 관계로 이야기할 때는 유대인의 율법적인 상황이 전제되어 있었다. 이와 달리 복음을 '세상적인 것'이나 '양심'과 다른 대립적인 개념으로 사용할 때에는 이방인의 상황이 전제되어 있다.

둘째, 복음과 문화와의 관계다. 문화는 복음과는 달리 고정 불변하지 않다. 항상 변화의 과정 속에 있다. 한국 문화는 샤머니즘을 토대로 하여 그 위에 불교 문화, 유교 문화, 기독교

---

185) 안병무, 「한국의 신학의 현황과 과제」, 『기독교의 개혁을 위한 신학』, 서울: 한국신학연구소, 1999, 375-76쪽.

문화가 중층적(重層的)으로 형성되어 있다. 다시 말해 한국 문화의 특징은 다원성에 있다.186) 이 같은 다원적인 한국 문화의 토양[緣]은 기독교 복음이라는 씨앗[因]이 싹이 나고 성장하는 데 절대적인 영향을 끼친다. 물론 문화가 일방적으로 복음에 영향을 끼치는 것은 아니다. 복음 또한 문화에 영향을 끼치기 때문이다. 인(因)과 연(緣)은 상대방에게 일방적으로 영향력을 행사하지는 않는다. 서로 영향을 주고받으면서 상호 간의 변화를 이끌어낸다. 한국과 미국의 기독교가 복음의 본질에서는 같지만 문화의 차이에 따라 선교 방법 등은 달라질 수밖에 없다.

한국 교회의 예수 이해

한국 교회의 강단에서는 대개 어떠한 예수상이 선포되는가? 성서에 기초한 예수상이라기보다는 일차적으로 선교사들이 소개한 웨스트민스터 신앙고백서에 근거한 교리적인 예수상이 대부분을 차지할 것이다. 선교사들이 한국 교회에 전수한 교리적인 예수상은 축자영감설(逐字靈感說, Verbal Inspiration)에 기초하고 있다. 성서의 글자 하나하나가 하나님의 영감으로

---

186) 위의 책, 379쪽.

씌어졌기 때문에, 결코 오류가 없다는 것이 핵심이다. 따라서 하나님의 말씀인 성서는 문자적으로 오류가 있을 수 없다. 한국 교회 성도들은 이와 같은 웨스트민스터 신앙교리(도그마)에 한정시켜 예수를 믿도록 교육받아왔다.

이러한 결과로 한국 교회의 성도들은 성서를 어느 누구보다도 열심히 읽으면서도, 복음서가 전하는 예수상에 대해서는 소홀히 해 왔다. 왜 그런가? 웨스트민스터 신앙고백의 도그마에 의해서 주조(鑄造)된 예수상에 정당성을 부여하기 위한 수단과 증거 자료로써 성서를 읽기 때문이다.

안병무는 교리 중심의 예수 이해와 탈교리적(脫敎理的) 예수 이해에 관심이 있었다. 교리 중심의 예수 이해의 한 형태로는 보수 기독교계에서 찾아볼 수 있는 초월적 예수상이 있다. 그들에 따르면 예수는 본성에 있어서는 신성(神性)과 인성(人性)을 겸비한 분으로서 완전한 신이면서 동시에 완전한 인간이다. 기능 면에서 예수는 예언자, 제사장 그리고 왕적 기능을 담당한다.

그들은 예수의 예언자적(預言者的) 직능을 말하면서도 단지 신적 존재로서의 예언자적 기능에 초점을 맞춘다. 역사의 중심에서 하나님 나라의 도래를 위해 불의에 저항하여 싸운 예수의 예언자적 모습에는 관심이 적다. 예수의 제사장적 직능에 대한 이해도 마찬가지다. 죄 많은 인간의 죄를 용서해 주는 초자연적인 존재로서의 제사장 직능에 관심을 기울일 뿐이다. 가난한 민중과 동고동락하며 그들의 구원과 해방운동에 동참하고 한(恨)을 풀어주는 '한(恨)의 사제(司祭)'로서의 제사장적 직능에 대해서는 전혀 관심이 없다. 예수의 왕적 직능에 대한 이해도 마찬가지다. 그들에게 예수는 마지막 날에 세계를 심판하러 오는 하늘의 전권을 지닌 왕으로, 그리고 초능력을 지닌 왕으로서의 영광과 승리의 표상으로 추앙된다. 가난한 사람이나 과부, 고아의 억울함을 풀어주는 정의의 실현자로서의 왕의 모습에는 무관심할 뿐이다.

보수계 신학자들은 사복음서에서 소개되고 있는 예수상을 나름대로 도식화하여 「마태복음」은 왕으로 오신 예수를, 「마가복음」은 종으로 오신 예수를, 「누가복음」은 인류의 구세주로 오신 예수를 그리고 「요한복음」은 하나님의 아들로 오신 예수를 증언한다고 분석한다. 그 중에서도 「마태복음」 5장에 나오는 팔복에 대한 선언을 왕의 칙령으로 이해하고 예수를 삼위일체의 제2위에 해당하는 성자(聖子) 하나님으로 본다.

안병무는 이러한 보수 계열의 예수 이해가 안고 있는 문제점을 다음과 같이 지적했다. 첫째, 보수 계열은 예수의 인성(人性)을 말하지만 나사렛 예수와는 무관한 선재자(先在者) 예수에 대해 말할 뿐이다. 그들은 선재(先在)하는 신적 존재인 예수와 역사적 존재인 인간 예수의 차이점과 연관성을 전혀 밝히지 않았다. 그들은 예수의 인성(人性)을 말하지만 단지 교리적인 배려에서 그리고 구색 맞추기 차원에서 그렇게 할 뿐이다. 보수 계열은 예수의 인성(人性) 그 자체에 주목하지는 않는다.

둘째, 그들은 예수의 주권(主權)을 말한다. 하늘과 땅을 주재하는 성부(聖父) 하나님과 일치되는 분으로서의 성자(聖子) 하나님 예수를 말한다. 그러나 그들은 예수가 가르친 하나님 나라를 단지 도덕·윤리 왕국으로 이해한다. 하나님 나라가 포함하는 사회 변혁적인 함의에 대해서는 침묵한다. 이는 예수의 주권 주장과 모순된다.

무엇보다도 안병무는 보수 기독교계의 초월적인 예수 이해와 1938년에 열린 장로회 총회에서 신사참배를 결정한 것 사이에 연관이 있다고 지적했다. 그들은 예수를 비역사화함으로써 기독교 자체를 비역사화했다는 것이다.[187]

채필근은 진선미(眞善美)의 이상형으로서의 예수상을 제창하고 자유와 평등, 그리고 동포애의 모든 이상이 예수의 이웃 사랑 계명에서 완전히 성취될 수 있다고 보았다. 이용도 역시 다른 시각에서 예수의 인간성을 강조했다. 그는 한국 교회가 오로지 '고(高)의 예수', '부(富)의 예수'를 신앙하고 사모하는데, 이는 예수의 참 모습과 거리가 멀다고 비판했다. 그렇다면 성서에서 발견되는 예수의 참 모습은 무엇인가? 이용도는 '고(苦)의 예수', '빈(貧)의 예수', '천(賤)의 예수', '비(卑)의 예수'라고 했다. 따라서 기독교인들은 이러한 예수상을 따라 고난과 비천함과 낮음과 가난의 삶을 살아야 한다고 이용도는 역설했다.188) 그는 수난자 예수를 따라 고행자가 되는 것을 신앙적인 삶의 목표로 삼았다.

안병무는 사회주의적인 지평에서 혁명가적인 예수상을 펼친 사람으로 유경상, 이대위, 이광수, 송창근을 든다.189) 이들은 YMCA 『청년』에서 예수는 사회 혁명과 개혁을 위해 왔으며, 예수는 평민이요, 노동자이며, 남의 집 마구간을 빌려 태

---

187) 위의 책, 388쪽.
188) 변종호 편, 『이용도 목사의 일기』, 신생당, 1966, 102쪽; 안병무, 위의 책, 391쪽.
189) 안병무, 위의 책, 392쪽.

어날 수밖에 없었음을 강조했다. 김재준도 이와 동일한 지평
에 서 있다. 그는 기독교의 역사적 책임을 강조하고 예수를
역사와의 관계성 속에서 파악했다. 김재준에 따르면 예수는
"인간 역사 안에 들어와 인간이 된 로고스"이며, 예수의 천국
운동은 하늘의 공의와 사랑의 질서를 역사 안에 수립하려고
한 것이다.[190)

1960년대 중반부터 세속화(世俗化) 신학이 활발하게 논의
되기 시작되면서 한국 교회는 새로운 차원에서 예수를 이해
할 수 있게 되었다. 세속화 신학에 따르면 예수는 세속세계의
한복판에서만 만날 수 있고 '이웃[他者]을 위한 존재'로 이해
된다. 유동식은 '타자(他者)를 위한 존재'로서의 예수를 말하
며 한국 교회가 이웃을 위해서 존재해야 한다고 역설했다. 홍
현설은 "오늘의 예수는 어디에서 만날 수 있는가?"라고 질문
하면서, "가난하고 굶주린 인간들이 꿈틀거리는 현대 도시의
빈민굴에서 예수를 만날 수 있고, 만나야 한다"고 했다. 이계
준은 "예수 그리스도는 곧 하나님 자신의 세속이다"라고 말
하고, "한국 교회는 종의 형상으로 오셔서 이웃을 위해 죽기
까지 복종한 예수를 따라야 한다"고 말했다.[191)

---

190) 장공 김재준 탄신 1백주년을 기념한 『김재준 기념논문집』 1, 2,
    3권이 2001년 한신대학교 출판부에서 출간되었다.

사회복음(Social Gospel)의 등장과 더불어 1970년대에 이르러 기독교의 구원은 해방으로 대체되었다. 이와 함께 예수에 대한 이해도 바뀌었다. 단순히 인간의 영혼 구원자로서의 예수를 넘어서 인간의 전인적 구원을 가져온 예수, 그리고 민중의 해방자로서의 예수를 발견하게 된 것이다.[192]

이 같은 범주 안에서 예수와 인권, 예수와 구조악, 복음과 권력과의 관계 등이 새롭게 기독교 선교운동의 중심 주제로 떠올랐다. 사회 구조적으로 억눌린 사람들과 사회·경제적으로 가난한 사람들을 구조악에서 해방시키는 것을 선교 대상으로 삼는 학자들은 해방자 예수 또는 민중의 친구 예수를 제창했다.

서남동은 예수께서 요단강에서 세례를 받은 후 광야로 나아가 40일 동안 금식하면서 악마로부터 유혹을 당하는 이야기에서(경제·종교·정치적 유혹) 예수의 민중적 자의식을 발견했다. 그는 한 걸음 더 나아가 주께서 가르쳐주신 기도를 드릴 수 있는 사람은 일용할 양식을 염려할 수밖에 없는 가난한 사람들이라고 했다. 중산층이나 부유한 사람들은 주기도문

---

191) 안병무, 위의 책, 394-95쪽.
192) 안병무, 김재준, 박형규, 문동환 등이 대표적이다.

을 드릴 자격이 없다고까지 말했다.[193] 주기도문은 가난한 사람들에 의한 기도요, 가난한 사람들을 위한 기도이며, 가난한 사람들의 기도라는 것이다. 안병무는 기독교인의 삶을 예수를 본받아 '하나님 앞에서 이웃과 더불어의 삶'으로 요약된다고 보았다.

한국 교회의 성서 이해

한국 교회는 성서의 권위를 강조한다. 그러나 실상은 성서의 권위를 빌어 자신들이 신봉하는 특정 교리를 정당화하는 수단으로 삼았다. 그들에게 있어서 텍스트는 성서 자체가 아니라 교리(도그마)이고, 성서는 단지 그들이 신봉하는 교리의 정당성을 변호하기 위한 전거(Referenz)에 불과하다. 곧 교리(도그마)가 성서 말씀에 우선한다. 다시 말해 성서 말씀이 교리에 종속되어 있다.

안병무는 한국 교회의 독경식(讀經式) 성서 읽기를 비판했다. 성서의 뜻을 바르게 이해하려는 데 관심이 없고, 성도들이 무조건 읽고 암송하도록 가르친다. 성서를 많이 읽으면 저절로

---

193) 이런 입장을 대변하는 학자로는 안병무, 서남동, 한완상 등이 있다.

깨닫게 되고, 저절로 구원을 받는다는 식이다. 따라서 성서 말씀을 얼마나 깨달았는가는 그들에게 별로 중요하지 않다. 성서를 몇 번 읽었는가, 즉 읽은 횟수가 중요하게 취급된다.

이와 같은 독경식 성서 읽기는 초창기 미국 선교사들의 영향이 컸다. 한국에 들어온 미국 선교사들 대다수가 근본주의자들이었다. 그들은 어떻게 하면 복음을 바르게 전할까보다는 어떻게 하면 효과적으로 선교를 할 수 있을까를 우선적으로 생각했다. 그래서 나온 것이 정교분리(政敎分離) 신앙이다. 즉, 신앙은 정치나 사회 문제에 관여해서는 안 된다는 것을 복음의 중심으로 주장했다. 선교사들은 기독교 복음을 간단하게 간추려 가르쳤고, 그 교리에 맞게 성서를 암송하도록 했다.

한국 교회의 성서 이해에 큰 영향을 끼친 또 다른 요인으로 안병무는 부흥운동을 들었다. 3·1운동이 실패로 돌아간 이후에 한국 교회는 민족의 독립과 해방을 위한 신앙을 포기했다. 즉, 기독교인의 민족적 책임을 도외시했다. 그대신 그들은 기독교 복음을 사적(私的)인 문제로 국한시키고, 신앙을 내면화하여 영적 각성운동과 신비주의로 빠져들었다. 이러한 현상은 1920년대를 전후로 일어난 한국 교회 부흥운동에서 표출되었다. 당시 대다수의 부흥사들의 설교에서 성서 말씀은 거의 아무런 역할을 하지 않았다. 부흥사들은 몇 가지 교리의 골격만을 가지고 성서 내용과 무관한 개인적인 신앙 체험과 예화를 중심으로 설교함으로써 신앙의 개인화와 신비화를 초래했다.[194]

한국 교회의 성서 이해를 지배한 사상 중 하나로는 축자영감설이 있다. 성서 글자 하나하나가 하나님의 영감으로 기록되었기에 절대로 오류가 없다는 것이 축자영감설이다. 그렇기에 가감(加減) 없이 성서를 문자 그대로 믿어야 한다는 것이다. 축자영감설은 성서의 문자 그 자체를 하나님 말씀으로 받아들여, 성서 문자를 우상화하였다. 그 결과 다양한 성서해석 방법을 차단했다. 이러한 과정에서 한국 교회는 반지성주의(反知性主義)가 판치게 되었다.

안병무는 성서가 하나님의 말씀을 담고 있는 것은 분명하지만, 그렇다고 문자 그 자체가 하나님의 말씀과 동일할 수는 없다고 생각했다. 성서 말씀은 그 책이 기록된 시대적 한계를 벗어날 수 없기에, 성서를 이해하기 위해서는 성서 시대의 역사적 상황을 고려해야 한다. 안병무는 한국 교회가 교권을 넘

---

194) 안병무, 『민중신학을 말한다』, 서울: 한길사, 1996, 58쪽.

어 성서를 성서 자체로 마주 대하고 읽었다면, 훨씬 영적으로
성숙했을 것이라고 보았다.[195]

한국 교회의 개혁

안병무는 종교개혁의 역사를 고찰하면서 한국 교회 개혁의
현주소를 진단했다. 첫째로 한국 교회의 선교적 상황에서는 루
터가 주장한 정교분리의 신학적 입장이 맞지 않는다고 보았다.
한국 기독교 교회공동체는 정권을 장악해서 부패할 만큼 강대
한 정치 세력이 된 적이 없기 때문이다. 한국 교회의 개혁을
위해 필요한 것은 무엇보다도 교회주의라는 테두리를 벗어나
이웃을 위한 복음과 세상을 위한 복음으로 거듭나는 것이다.
다음으로 안병무는 교회가 노아의 방주가 되어서는 안 된
다고 보았다. 존 번연이 쓴 『천로역정』에 나오는 주인공이 한
국 기독교인의 모범이 되어서도 곤란하다. 이들은 곧 이 세상
은 망할 것이니 자기만이라도 빨리 도피하여 구원을 얻고자
하기 때문이다. 교회의 존재 이유는 무엇인가? 교회는 자기
자신을 위해서 존재하지 않는다. 그리스도의 몸으로서의 교회
가 그리스도와 함께 이웃을 위해서, 그리고 세상을 위해서 교

---

195) 위의 책, 60쪽.

회가 존재해야 한다는 것을 잊어서는 안 된다.

안병무는 기독교인은 기독교 선교라는 좁은 시각에서 벗어나 민중과 세계사의 차원에서 역사를 폭 넓게 보아야 한다고 역설했다. 오늘의 한국 교회는 기독교의 교세를 어떻게 확장하느냐에 관심을 기울이기보다는 민중과 민족을 위하여 과연 교회가 무엇을 할 수 있는가를 물어야 한다는 것이다.

맺음말

아놀드 토인비는 인류 역사를 도전(challenge)과 응전(response)의 역사로 정의하였다. 한 인간의 사상은 그가 살았던 시대의 상황과 결코 무관하지 않으며, 상황의 도전에 주체적으로 대응하는 과정에서 형성되기 때문일 것이다.

안병무는 북간도에서 보낸 유년기와 청소년기를 통해 일제의 폭압에서 조선을 구원하는 길의 하나로 기독교를 선택했다. 그리고 기독교를 통한 민중의 계몽운동을 펼치면서 민족의 독립에 기여하고자 했다. 해방과 더불어 그는 서울로 돌아오지만, 한국전쟁이라는 동족 간의 살상을 몸으로 체험하면서 민중의 상처를 치유하는 방법으로 신앙공동체 운동을 전개했다.

그러나 결혼이기주의로 인하여 신앙공동체 운동이 벽에 부

독일에서 온 손님들과 환담하는 안병무.

딪히자 독일로 유학을 떠나게 된다. 그곳에서 키에르케고르와 불트만의 신학을 만나게 되고, 두 차례에 걸친 세계대전으로 정신적 공황에 빠져있던 유럽의 젊은 지성인들에게 위안을 주었던 실존주의 신학에 심취했다. 전기 안병무의 신학사상은 실존주의적 성향을 띠었다.

귀국 후 안병무의 시선을 끈 것은 근대화의 주역임에도 불구하고 그 혜택에서 철저하게 소외당한 민중이었다. 곧 군사정권의 개발독재에 희생당한 민중이었다. 그리하여 그는 민중의 고난과 해방을 신학적 언어로 증언하는 것을 사명으로 받아들였다. 후기 안병무는 민주화 인권운동에 적극적으로 참여하다가 옥고를 치르기도 했지만, 민중 사건 속에서 현존의 그리스도를 경험하면서 민중신학을 제창하여 세계 신학계에 한국 신학의 위상을 떨치기도 했다. 후기 안병무의 신학사상은 민중과의 연대적 성향을 띠었다.

　　말년에 안병무는 인간을 품에 안고 있는 동양의 자연사상
과 생명을 신학의 화두로 삼으면서, 자연과 인간의 소통과 화
해를 중심으로 신학적 명상에 정진했다. 말기 안병무의 신학
사상에서 인간과 자연의 조화와 통일이 화두였다.

　　안병무는 삶과 신학에 있어 항상 한 곳에 머물러 있기를
거부하였다. 그는 물질과 소유에 집착하지 않았고, 과거에 매
이지 않았다. 미래에도 매이지 않았다. 그는 항상 자기 자신
앞에 직면한 민중 사건을 그리스도의 현존 사건(現存事件)으
로 증언하는 데 충실했다.

　　『금강경』에 보면 "응무소주(應無所住) 이생기심(而生起心)"
이라는 사구게(四句偈)가 나온다. 삶은 소유가 아니라 존재라
는 깨달음에서 안병무는 마치 하늘에 떠가는 조각구름처럼,
"일체의 것에 머무는 바 없이 주어진 현실을 충실하게 증언하
며 살았던" 자유인이었다.

　　한국 신학계와 교계에 끼친 안병무의 공과(功過)는 결코
과소평가되어서는 안될 것이다.

　　안병무는 신앙의 고정관념에 사로잡히거나 특정 교리나 상

(相)에 매어 복음의 진리를 바르게 증언하지 못하는 한국 교회에게 마치 벼락처럼 예언자의 소임을 다했다. 그런 과정에서 안병무는 교회주의자들로부터 불필요한 오해를 받기도 했다. 그는 기독교 2천 년의 역사에서 결코 주목받지 못했던 민중을 신학의 화두로 제시하여 세계 신학계의 주목을 받았으며, 기독교의 교리가 아닌 예수의 생생한 복음을 증언하는 일에 혼신의 힘을 쏟았다. 안병무는 시대의 요구에 응답하며 살았던 치열한 사상가요, 실천가였다.

안병무가 우리 곁을 떠난 지 어언 10년이라는 세월이 흘렀다. 그가 평생에 걸쳐 신학적 화두로 삼았던 '민중'은 이제 21세기를 맞이하여 새로운 상황에서 새롭게 전개되어야 할 것이다. 21세기 다원화 시대에 민중신학은 민중을 우상화하는 일이 없어야 할 것이다. 이와 아울러 획일주의나 환원주의의 유혹을 떨쳐버려야 할 것이다.

21세기 민중신학은 한편으로 인간과 인간의 화해, 인간과 자연의 화해, 인간과 종교의 화해를 주요 과제로 삼아야 할 것이고, 다른 한편으로 신앙과 신학의 통일, 믿음과 삶의 통일, 신학과 생활의 통일을 실천 과제로 삼아야 할 것이다.

21세기 민중신학은 '다양성 속에서 일치와 화합'을 이루는

화이부동(和而不同)의 신학으로 거듭나야 할 것이다. 안병무가 평생 추구해 왔던 민중의 생명을 살리는 일을 우회해서는 결코 이 길에 도달할 수 없을 것이다.

안병무 연보

1922. 6. 23.	평안남도 안주군 신안주면 운송리에서 아버지 안봉식과 어머니 정원숙의 맏아들로 태어남.
1940. 12. 15.	간도 용정에 있는 은진중학교 졸업.
1943. 8. 10.	일본 대정 대학교 문학부 졸업.
1950. 5. 5.	서울대학교 문리대학 사회학과 졸업.
1965. 7. 5.	독일 하이델베르크 대학교 신학부 졸업(신학박사).
1950. 5~1970. 4.	중앙신학교(현 강남대학교) 교수.
1951~1956.	월간『야성 野聲)』창간(발행인).
1953. 5.	향린교회 창립.
1965~1969. 2.	중앙신학교 교장.
1969. 7~1980. 8.	월간『현존 現存』창간(발행인).
1970. 5~1975. 6.	한국신학대학 교수.
1973. 5~1991. 6.	<한국신학연구소> 소장.
1973~1991. 6.	계간『신학사상』창간(발행인).
1975. 6.	교수직 강제 해직(1차).
1976. 3~1977. 2.	'3·1 민주구국선언문' 사건과 관련되어 옥고를 치름.
1980.	개신교 수녀원 <한국 디아코니아 자매회> 설립.
1980. 2~1980. 5.	한국신학대학 교수 복직(1차).
1980. 8.	교수직 강제 해직(2차).
1984. 7~1987. 8.	한신대학교 복직(2차).
1987. 8.	한신대학교 정년퇴임
1988. 12~1991. 6.	월간『살림』창간(발행인)
1988~1996. 6.	한신대학교 명예교수,
1994. 6~1996. 7.	재단법인 <아우내> 이사장.
1996. 10. 19.	향년 75세로 서울에서 별세.

안병무 저서, 역서

저서

『역사와 증언』, 대한기독교서회, 1972.
『해방자 예수』, 현대사상사, 1975.
『성서적 실존』, 한국신학연구소, 1975.
『시대와 증언』, 한길사, 1978.
『신약성서개론』, 공저, 대한기독교출판사, 1982.
『역사와 해석』, 대한기독교서회, 1982.
『진실 때문에』, 샘터사, 1982.
『옳은 민족 옳은 역사』, 한길사, 1982.
『역사의 예수』, 전망사, 1983.
『역사 앞에 민중과 더불어』, 한길사, 1986.
『민중신학 이야기』, 한국신학연구소, 1987.
『민중사건 속의 그리스도』, 한국신학연구소, 1989.
『갈릴래아의 예수』, 한국신학연구소, 1990.
『사랑에는 연습이 없습니다』, 베틀, 1993.
『그래도 다시 낙원에로 환원시키지 않았다』, 한국신학연구소, 1995.
『선천댁』, 범우사, 1996.
『너는 가능성이다』, 사계절, 1996.
『공관복음서의 주제』, 한국신학연구소, 1996.

역서

M. 마코비취, 『무신론자가 본 예수』, 한국신학연구소, 1974.
H. 콘첼만, 『신약성서 신학』, 한국신학연구소, 공역, 1982.

기념논문집

『역사와 현존』, 회갑 기념 논문집, 대한기독교서회, 1982.
『예수민중민족』, 고희 기념 논문집, 한국신학연구소, 1992.

일본어판

『解放者 イェス』, 新教出版社, 1976.
『現存 の 神』, 新教出版社, 1980.

독일어판

Ahn, Byung-Mu, *Das Verständnis der Liebe bei K'ung-Tse und bei Jesus*, Heidelberg Universität, Dissertation, 1965.
Ahn, Byung-Mu, *Draussen vor dem Tür, Kirche und Minjung in Korea*, Göttingen, 1986.
※ Andreas Hoffmann-Richter, *Ahn Byung-Mu als Minjung-Theologe*, Gütersloher Verlagshaus, Gerd Mohn, 1990(이 책은 안병무의 민중신학을 주제로 쓴 박사학위논문임).
※ Volker Küster, *Jesus und das Volk im Markusevanglium. Ein Beitrag zum interkulturellen Gespräch in der Exegese*, Neukirchener-Vluyn, 1996(이 책은 안병무의 민중신학을 서구 신학의 지평에서 해설한 책이다).

논문

「수난사에서 본 마가의 신학」, 『신학사상』 3집, 1973.
「민중신학」, 『신학사상』 34집, 1981.
「민중과 예복」, 『신학사상』 38집, 1982.
「예수와 오클로스」, 『민중과 한국신학』, 1982.
「마가복음에서 본 역사의 주체」, 『한국신학』, 1982.
「마르코복음에 대한 사회학적 이해」, 『사회학적 성서해석』, 1983.
「예수사건의 전승모체」, 『신학사상』 47집, 1984.
「예수와 민중」, 『신학사상』 50집, 1985.
「민중의 교회」, 『신학사상』 53집, 1986.
「민중의 하느님」, 『신학사상』 54집, 1986.
「민중의 예수」, 『신학사상』 55집, 1986.
「정의와 평화」, 『신학사상』 61집, 1988.
「민중공동체의 인식」, 『신학사상』 66집, 1989.
「민중운동과 민주신학」, 『1980년대 한국민중신학의 전개』, 1990.
「예수운동과 物」, 『1980년대 한국민중신학의 전개』, 1990.
「예루살렘 성전체제와 예수의 대결」, 『1980년대 한국민중신학의 전
　　개』, 1990.
「한국적 그리스도인 상의 모색」, 『1980년대 한국민중신학의 전개』,
　　1990.
「희년선포와 통일헌법」, 『신학사상』 76집, 1992.
「성서의 희년사상, 그 가능성과 한계」, 『신학사상』 87집, 1994.
「세계 한 민중의 새 지평」, 『민중신학』, 1995.

※ 이밖에도 『야성』, 『현존』, 『신학사상』, 『살림』, 『사상계』, 『씨알의
　　소리』, 『기독교사상』, 『기장회보』, 『세계와 선교』, 『사목』, 『성서
　　와 함께』, 『창작과 비평』, 『문학사상』, 『월간중앙』, 『신동아』 등의
　　잡지에 기고한 논문과 수필이 모두 5백여 편에 이른다.

현대 신학자 평전 11

안병무
―시대와 민중의 증언자

초판발행 _ 2006년 9월 28일
초판 2쇄 _ 2006년 12월 29일
지은이_ 김명수
펴낸이_ 심만수
펴낸곳_ (주)살림출판사
주소_ 413-756 경기도 파주시 교하읍 문발리 파주출판도시 522-2
출판등록_ 1989년 11월 1일 제9-210호
전화_ 영업 (031)955-1350   기획·편집 (031)955-1365
팩스_ (031)955-1355
e-mail_ salleem@chol.com
홈페이지_ http://www.sallimbooks.com

ISBN 89-522-0167-1 04230 (세트)
ISBN 89-522-0557-X 04230

* 잘못된 책은 구입하신 서점에서 바꾸어 드립니다.
* 저자와의 협의에 의해 인지를 생략합니다.

값 10,000원